回眸一笑 你倾城

和她的民国
才女张筑音

贺 静 ◎ 著

团结出版社

UNITY PRESS

图书在版编目（ＣＩＰ）数据

回眸一笑你倾城 / 贺静著. -- 北京 ：团结出版社，
2016.11
ISBN 978-7-5126-4644-5

Ⅰ．①回… Ⅱ．①贺… Ⅲ．①张筑音—传记 Ⅳ.
①K825.41

中国版本图书馆CIP数据核字(2016)第 283632 号

出　　版：团结出版社
　　　　　（北京市东城区东皇城根南街 84 号　　邮编：100006）
电　　话：(010) 65228880　65244790　（出版社）
　　　　　(010) 65238766　85113874　65133603（发行部）
　　　　　(010) 65133603（邮购）
网　　址：http://www.tjpress.com
E-mail：zb65244790@vip.163.com
　　　　　fx65133603@163.com（发行部邮购）
经　　销：全国新华书店
印　　装：三河腾飞印务有限公司

开　　本：170mm×240mm　　　16 开
印　　张：12.75
字　　数：173 千字
印　　数：4045
版　　次：2016 年 11 月　第 1 版
印　　次：2016 年 11 月　第 1 次印刷

书　　号：978-7-5126-4644-5
定　　价：26.00 元

临水照花人

民国时期，涌现出了许多才华横溢的优秀人才。其中，较为人津津乐道的是才女们，一群美丽聪慧的精灵，成为那个时代最受瞩目的女人。

她们中有如清泉般纯洁的作家、如烈火般激情的画家、最具时代韵味的社交名媛、聪颖如雪的诗人……一个个美丽的女子组成了民国舞台上耀眼的明星。她们不仅通过自己努力读书改变自己婚姻和生活还因倾国倾城之貌和风华绝代之才让人恋恋不忘。

其中较为突出的有林徽因，盛开在民国的火玫瑰。美丽孤傲，不说她在设计方面的才华，单她特有的个性和时髦的装扮就足够被人写上千万次。

清高孤世的张爱玲，民国文坛上的白玫瑰。一个为爱而纯粹活着的女子，她的才华，既是心的呼吸，也是生活的必需。

弱不禁风的萧红，以林妹妹的形象，清丽脱俗的文笔，惊动文人墨客内心深处的一份温情，成就了自己。

因为爱情让人记住的"眉"——陆小曼，一个酷爱文艺的才女，标志了一个时代的颜色。

还有静静绽放在大上海文坛的莲——张筑音。她勤奋刻苦，在文学里倾注了全部的热情，不懈追求，成了那个时代人们对湘女的审美标准。她清秀的文笔、出众的文采、倾城的容貌、幸福而浪漫的情感生活，吸引众多文化名流，注定为世人所瞩目。

沿着文字，渐渐走进那隐匿于浮世的风霜，翻阅才女在红尘深处缠绵悱恻的往昔，品味她们香艳蚀骨的风姿和高贵。她们自尊、自立、自强，有着东方的优雅和聪慧。她们的美丽和哀愁，都如一首首缠绵婉约的诗词，让人读了又读。

　　因为美丽，所以铭记。

　　因为才华，所以流传。

　　关于她们的浪漫传说，铺天盖地。

　　她们精通琴棋书画，善于聆听和观赏；风情万种的风姿，在尘世间一颦一笑，折射出温暖的光芒。她们的故事，干净而纯粹，低调而高贵，动人而不妖媚，深入人心。

　　她们也只是有着卓越才华而普通的性情女子，对生活永远怀着期待。至今让人经久传诵的，也许不是惊人的语录，也不是绝色的容颜，只是她们一生经历的情感与心灵的磨难。她们不懈探索精神以及乐观向上的生活状态，如花一样灿烂，如灯照亮心灵。

清浅时光，岁月静好

第一卷

落花时节

　　长满青苔的青石路蜿蜒向前，两边绿藤千丝万缕，一路交织缠绕，默默看着来来往往的足迹，花开花落，缭绕出漫无边际的思绪。

花开一季落于风，书香醉人景相同。

翻开历史的画卷，拂去时光的尘埃，一个如莲的女子，安安静静地坐在云端。

自古楚国出奇才，蚩尤故里多风采。

在才子佳人盛行的年代，在山清水秀的潇湘，含烟飘渺的新化，她轻轻地来，悄悄地去，一个人在红尘之外，静静地开。

时隔多年，沧桑的记忆中，一段痴情的往事在琴弦灿烂，用温柔的心听她轻轻的诉说，那年浪漫，在落花时节。

唇齿间，柳眉上，婉约的风韵，浮现出秀美的容颜，沾惹着一份迷离从骨髓流淌出浓厚的文化色彩。

【01】老家的风景和窗——老家记忆

一九一六年十二月二十五日的清晨，一个容貌秀丽聪慧的姑娘出生在新化燎原乡张家巷（今上梅镇坪山垅村）一座古典雅致的建筑里。她就是二十世纪四五十年代和张爱玲同时问鼎大上海文艺圈的美女作家张筑音。

那时的张家，祖辈是这里的矿主，家境还不错。八开间的一字木质结构房子，坐落在绿意盎然的山水之间，绿茵茵的草坪之上。阳光透过古朴的木窗，在宁静的桌面上，洒下金色的光辉，恰似一个个舞动的精灵，牵绊出心弦上的醉意，在人生长河里，似漫阅无尽无止的画面，越拖越长。

幼年的她备受家人疼爱，特别是哥哥，对这个可爱的小妹妹是百依百顺。每天从学校回家，就抱着她到处游玩。这里山水相依，风景优美。张家多年前还是这里的大户人家，只不过这几年矿上生意日渐衰退，不过，一家大小的生活也还算过得可以。她出生时，哥哥正在读书，家里就她和姐姐。

张筑音最开心的时候，就是每到周末，家里人都会提前准备好玩的和好吃的，爸爸会让她们一起在院子里做小游戏，妈妈会坐在阳光下，给她们讲美丽的童话。一家人大大小小都聚集在院子里，吃喝玩乐一整天。她跟着姐姐学会了玩跳绳，跟着哥哥学会了变魔术，跟着妈妈学会了编故事。一棵树、一把椅子、一间房子，在妈妈口中都是一个个可爱的小精灵，让张筑音感觉特别的有趣，总是有无数个为什么要缠着妈妈回答。

在张筑音四岁时，哥哥给她买了一个实心布娃娃，张筑音第一次看见和自己穿着一样衣裙的小娃娃，感觉稀奇，拿着娃娃问妈妈，为什么它也有眼睛鼻子嘴巴，妈妈说："娃娃也是最好的朋友。"听了这话，张筑音很高兴，这是她的第一个小伙伴，每天起床第一件事就是抱着娃娃穿衣服，吃饭时也要抱着一起吃饭，还一边吃，一边对着娃娃说道："开始吃饭饭了，我们要吃好多好多。"晚上睡觉时，她会把娃娃放在枕边，和自己一起睡。有时，家里人忙碌，没人帮她穿衣刷牙时，就要她放下娃娃，她就噘着嘴说："妈妈说娃娃是我的朋友，所以我要和她一起。"

后来在外面池塘边玩耍时，因为池塘边有点滑，张筑音一不小心摔在了水边，结果娃娃掉入水中，沉了下去。惹得张筑音在池塘边哭了好几天。哥哥只好说下次生日时再给她买一个。不过，等张筑音五岁生日时，她想要的不再是娃娃，而是想读书。

老家，于张筑音而言，不仅仅是回忆，也是一幅江南水墨画。那里的夜色，很静很静。悠远空灵，清秀妩媚。那里的月亮，很弯很弯。洁白莹亮，薄如蝉翼。那里的山山水水，很美很美。青青碧碧，溢彩流韵。许多往事在眼前一幕一幕，变的那么模糊，而老家的一草一木却依旧清晰。

春去秋来，老家的那一轮月，时而挂在天边，时而悬在树梢，时而落在湖中。云影倒映湖底，澄澈透明，仿佛别有天地。更让她想念的，是月夜的那一份空旷和幽静，在古朴的乡间和山林，穿越岁月的沧桑，依旧撩拨着人的思绪，让人瞬间沉淀。

童年的记忆一去不复返，转眼，姐姐也去读书了，平时家里就她和爸爸妈妈在一起。爸爸常常要出去，妈妈要忙碌家务，她一个人的世界，很安静，安静得可以听到自己的呼吸和心跳。特别是晚上，家里动响很少。这样的夜晚，在乡间更是浩瀚。

和她玩的小伙伴有的跟随哥哥姐姐去看牛，有的读书去了，最好的时光里，她习惯寂静的夜，倚窗而立，听风走过的声音，看帘上竹影婆娑，透过柔和皎洁的月华，在墙面上自由的挥洒，任凭窗外四季常绿的竹园和菜园在窃窃私语。远远望去，青翠挺拔的竹子，在银白色的光辉下，似披了一层轻柔纱衣，伴随着风轻柔的低语，显得更加素雅而秀美。

院子三棵高大的柏树四面伸展枝叶，默默地看着她长大。而树下碧绿的芭蕉，好像是一位多愁善感的女子，总是能牵扯出许多深藏在心底的忧愁。

在雨季缠绵的江南，烟霏云敛，风渐渐时，张筑音最喜欢的，不过芭蕉分绿上窗纱的感觉。随滴滴答答的雨珠，芭蕉的绿啊，似乎在空中流动，成就氤氲袅绕的画面，而画中主角便是窗下芭蕉灯下客的那个她。或许，李商隐的那一句"芭蕉不展丁香结，同向春风各自愁"是她儿时记忆里最精确的描绘。芭蕉宽大的叶子，嫩嫩的绿，和着满地散落的青草，在烟雨迷蒙的江南，总让她感觉有说不尽的凄迷和幽静、清丽。

在多雨的潇湘，柳阴浓茂的新化，如若想在幽深的小巷里穿行，一把油纸伞，定是不能少。这样的地方，养育出的人儿定是如花似玉，如画婉约。

在天青色的地方，斜倚木窗，随时都能看见一个个青蓝色的身影，撑着一把描有浅淡图案的油纸扇飘然而过。在淅淅沥沥的细雨中渐行渐远，成为模糊的点，来来去去，反复上演着戴望舒的那一首《雨巷》。在山间轻歌曼舞，在眉间浅吟低唱。

来年三月，委婉曲折的诗词，悄然孕育在乡间。两岸晓烟杨柳绿，一园春雨杏花红。万物都浸染着唐诗宋词里的颜色，漂浮在空中。

张家院子里的杏花和桃花也开了，娇嫩的叶，粉色的花，浸满江南霏霏细雨的扉页。走进院子，满眼都是红的桃花，白的杏花，千枝万枝竞放，那光艳的色泽飘浮的风中，很是惊艳。纷飞的花片，淡淡的芳香，引来蜂蝶撩动着弹跳的心弦，沐浴着春天和煦的阳光里，自由自在的满院轻舞。

随着青草的气息，踏过张家院内的茵茵草地，走进宽敞的房屋，穿过客堂的观音神座，那是一间小房子——张筑音的世界。

一扇木门外，是两个并排的方格窗子。

拙朴的方格木窗，虽没有雕刻精美细致的花纹，却也显得端庄大气。流动的光影，让沉闷的房子有了生命运转的标尺，记录时间的呼吸。

坐在书桌旁，她喜欢阳光照在窗上，慢慢地渗入房间，斜斜地铺在桌上的画面。喜欢看月色在窗上弥漫开来，让世界黑白分明。不过，她也常常在这窗下偷听到大人的说话。

野渡燕穿杨柳雨，芳池鱼戏芰荷风，弹奏着缕缕旋律的音符，在光阴面前，随流水而不止，婉约清丽。五彩缤纷的童年，在空白的世界，房屋是静止的，人是敏感的。

每个人心里都有一份暗殇，自心灵上的颤动，裁剪些许时光，成为最美的风景。在她童年的记忆里，这窗为她打开了一个真实的世界。美丽传说在那些往事里终结，又或者，落在一个记忆荒芜的地方，而闲下心来静静品味，两个并排的方格窗子裁剪出的画面，带着温暖而美好，珍藏在心中最深的地方。

窗里的童话，如过眼云烟，转瞬即逝。窗外的世俗，侵袭而来。使她从小就知道许多人情世故，家里的柴米油盐之难，对于人的心理之了解，对事态之穿透，对让人群之礼貌。都悄然灌注进她的身心，成为她日后多愁善感的一部分。

窗是沉默的窗，风是肆意的风，月夜独酌，别样清艳。

山是山，水是水，风儿还是那风儿。

邂逅的，永如初见。曾经渴望命运的波澜，可这有意无意到处跑的风儿，千丝万缕，不舍得离去。让时间和思绪冻结，偶尔传来书本外的人间生活百味，使她过早地了解世俗生活和体谅家里的困难，知道了她父亲是锡矿山的一个破落经营主，家里条件一年不如一年。

【02】满园花墙——童年忧伤

转眼，秀丽端庄的张家小女孩五岁了，该读书了。可县立小学只有两所，区立的小学不是每个区都有，私立的收费就要高一些。

考虑家境实际情况，她的两个哥哥在省城读的都是免费的第一师范。结合家境实际情况，张筑音父亲又不想耽误张筑音的成长，左思右想，觉得去私塾读书或许最为实惠。毕竟私塾是一馆一师，学生人数、年龄、程度不一，无固定学习年限。采用个别教学，注重背诵，练字，授课由浅入深。首先是启蒙，先读《三字经》《百家姓》《千字文》

《增广贤文》等，然后读《幼学琼林》《唐诗三百首》《声律启蒙》《古文观止》等，至《四书》《五经》《史鉴别》等。于是，在一九二一年九月，五岁的张筑音被家人送到了本村的私塾开始了她读书生涯。

私塾里老师很严格，虽然没有正规的作息时间，也没有正规的教学方法和教学手段。学生们每天只要能完成老师交代的背诵任务就可以，没有作业，也没有统一课本。但五岁的张筑音依然早上五点多起来，背着书包，来往于家和私塾那条小路上。由于村子里和她同样大小的小伙伴不多，而她们都在镇上小学读书，唯有张筑音在私塾。张筑音看看自己身边的孩子，没有和她玩得比较好的朋友，多少有点失落。

私塾里多为先教学生熟读背诵，然后教师逐句讲解。接着教以作对，让学生逐渐会吟诗作对。除读书背诵外，有习字课，张筑音总是第一个走出教室，到处闲逛。不过，每次经过一同玩耍过的好友家门前时，她总是忍不住要看看。即便是好友们此时都已经早早趁着曙光去学校读书了。再聚在一起，到处游玩已经是件很难的事情了。私塾里男孩子居多，很少有和自己差不多大的孩子，这让张筑音越发的想念自己儿时一起玩耍的小姐妹。

从哥哥姐姐鼓鼓的书包就能知道，学校和私塾是大不一样。每次听姐姐说她学校里的点滴，张筑音都觉得很有趣。可私塾里单调的读书气氛，让她觉得压抑。她渴望在新的环境，感受新的冲击。好不容易，她在一个周日的清晨，听到屋外传来好朋友的叫声。这声音，是在小学读书的三妹子，她都好多日子没来了。虽说她的声音有些低沉，但是此刻在张筑音耳朵里，似是动听的歌谣，又恰似振奋人心的号角，让她热血沸腾，像箭一样冲出家门。笑盈盈的，上气不接下气，奔向那个声音。

"三妹子，三妹子。"她一边跑着前进，一边疯狂地叫着。

"张筑音，我在这里。"站在小径路头的小女孩对着远处招手呼唤着。

此时的三妹子穿带整齐，一件花格子上衣，一条绿裤子，身上还背着一个写有她名字的书包。一双水汪汪的大眼睛，红扑扑的脸，让人一看，就感觉很有精神。

"三妹子，今天没去读书？"张筑音笑盈盈地拉着她的手问道。

"今天是星期天，我们老师要我们在家做作业。"三妹子一边说，一边拍了拍书包。

久久的看了看三妹子鼓鼓的书包，张筑音没有说话。只是笑着问："三妹子，都好久没看见你们了，你们学校好玩吗？"

"很好玩的，有好多人。我们班就有四十五个同学。大家特别喜欢上体育课。"

"什么是体育课？"

"就是体育老师带我们一起做活动，锻炼身体的课。"

接下来，三妹子喋喋不休地给张筑音说了很多学校里有趣的事情。可是，张筑音却没记住，只是时不时瞟一眼她的书包。满脑袋想着，鼓鼓的书包里会是什么。正在三妹子说的有趣的时候，她妈妈在叫她回家吃早饭。张筑音想着等她吃了早饭，就要她的书包看看。可是，等三妹子吃完早饭，却跟随她妈妈去亲戚家帮忙了。张筑音没有等待她的出现，只是默默地看着她和她妈妈远去的背影发呆。

第二天，她起得特别早，希望能在路口碰到去上学的三妹子，希望三妹子能带自己去学校看看。可是三妹子因为要赶时间，没办法带她去学校看看，只是挥挥手，对她喊着"张筑音，我们在学校等你。"

"我也会去学校读书吗？"

"当然会啊，每个人都要去学校读书的。"

听到这话，张筑音说不出的高兴。

每个人是一定要读书的，所以，她也要去学校。

回家就一定对哥哥说，她也长大了，要去学校读书了。带着满腔的希望和愉悦她蹦蹦跳跳地回家了。幽长的小巷，在她跳跃的声影里更添了一份寂寥。

天色还早，哥哥姐姐们都还没回家。望着淡淡的斜阳，她焦急地等着，风儿轻抚过她的脸颊。漫天飞舞的落花在她眼前飘过，还有不知名的蝶儿。她无心去扑捉，只是想着哥哥姐姐的出现。可看见哥哥

第一卷 落花时节

姐姐，她却又不知道如何说起。面对妹妹写满希望的眼睛，哥哥姐姐也不知道如何说。她知道，家里条件已经不够她去读书，她也懂得，即便是对哥哥姐姐说了，也不过是让她们担忧罢了。敏感的姐姐在她睡觉前拍拍她的肩膀说："你先在私塾读读吧，等哥哥读书出来了，家里就轻松了。你就可以去读书了。"听到这话，她感觉希望宛如肥皂泡，飘得好远好远。在阳光下五彩缤纷，但是瞬间就会破。

不知不觉，由暖转凉，又是一年秋。一个让人回味和期待的季节，从她的眼里，把希望重温了无数遍。年年盼望，年年低眉回想。一种惆怅，几许忧伤，不知何时就躲在了她的眉心，爬在她的眼睛里。时时刻刻与夏花低语，与秋月共眠，萦绕在唇边。

私塾，也是学校，你也是在读书。

这是大哥说的。大哥还说，如若你在私塾读得好，比在学校里读书更厉害。张筱音不知道他说的是不是真的。但是她相信，私塾也是学校，只不过没有学校老师多、科目多。只要她在这里读得好，和在学校里读书是没有区别的。所以，她努力的读，每天争取能第一个完成私塾老师交代的任务，第一个被私塾老师允许回家，把每一天的努力都能汇集成她耀眼的成绩，过着自己想要的日子，让梦靠近。

岁月无情，转眼就是五年。

从五岁到十岁，她在私塾，在一位老先生的教导下，背诵着拗口的课文。五年的光阴用在一件事情上，让她也受益匪浅。让她的古文功底深厚，知识渊博。五年的私塾记忆，画面似乎都是相同的。每天她背着书包三脚两步进了塾学，看见大厅里四个八仙桌团团围坐着二十来个同窗。坐在正中的常常是十五岁的远房表亲海猛子，横坐在上面，摇头晃脑给同学们背诵书籍，得意忘形时，塾师就会不知不觉走进来，他近视眼镜后闪着冷光的眼神，猛地拍桌子，狠狠地说："谁也不许胡言乱语，认真读书！"就这样，大家咿咿唔唔的挨过了几个钟头，直到放午学回家吃饭。

即便是如此枯燥的生活，那些难读的古典书堆并不影响她对生活强大的热情。所以，整天读拗口的古籍，感觉很是无趣时，她偶尔也会偷偷走出去到处看看，为了透口气，换换心境。

每天下课后，必去之处，就是自己当年和小姐妹种在墙角的那一丛丛碧绿繁茂的蔷薇，如今已是蔷薇花成林了。

岁月如歌，美景虽好，但流光易逝。

看着蔷薇花一簇一簇地盛开着，在层层叠叠的花瓣间有嗡嗡的蜜蜂钻进钻出，蝴蝶悠闲地飞来飞去，像是一幅淡淡的水粉画，阳光而又温暖。想想和小姐妹们一起的美好时光，她心底难免有淡淡的忧伤溢出。如若可以，品着花香，嗅着书香，轻轻地倚在窗前，和姐妹们一起嬉戏、研读，如阳光围绕着学校，那该多好。如若可以，和她们一起，拿着笔墨，轻轻地坐在教室里，看一张张空白的纸，写满自己的小秘密，告别迷茫和惆怅，那该多好。有事没事翻看书本的扉页，抚摸书里密密麻麻的字迹，沉浸在书的世界，烦恼都是欢笑。

那年春，清新的绿波涨满池塘，双燕呢喃、杨花团舞。七岁的她和小姐妹准备在外面捉蝴蝶。看见围墙垮了一个口，两个小女孩子想堵上。可人小力气小的两个小女孩，搬不动石块，只能用种蔷薇代替。当时两人边插蔷薇边笑着、想着。等来年，蔷薇生根发芽了，会长出很多很多的蔷薇枝叶，爬满围墙，开满花朵，一定很美很美。到时一起来看这面蔷薇花墙，在花下捉蝴蝶，闻花香。

可时间慢慢沉淀，等半溪流水绿，千树落花红时，蔷薇也枝叶繁茂了，一丛一丛的蔷薇在阳光中尽情沐浴时，和她一起种蔷薇的小姐妹并没有看见自己亲手栽的蔷薇花，去长沙上学了。

后来，她的朋友一个个都离开了老家，走向省城求学。这里的花依旧开，她依旧在，只是当年陪伴的人已远去。此刻泛黄的花朵，渲染出浓缩在心间的思绪，在张筑音手心里却异常的苍白。

时光一去不复返，当年的三妹子，如今因为读书，愈发的难以遇见，更别说看见。而张筑音在五年的塾馆，反反复复诵读的，也不过是中国古典文史。不管怎样，五年的光阴让一个江南的女子在古典文史方面无所不知，《四书》、《五经》、《二十四史》早已熟记于心。

迎着风撑着眼帘，迷离恍惚之中，她浅浅地笑了。眼角眉梢处，却笼罩了铺天盖地似的忧伤。花在阳光下灿烂，香在春风中飘散。风儿吹着帘子摇动，人在影中徘徊，心在尘世中百结。看着红中带白的蔷薇花在碧绿的枝上点头，独自无可奈何的在枝头消瘦着。伫立墙边凝神痴望，看着花，想着往昔，形神在目。迷离恍惚之中，步步回顾，步步留恋，细碎的人影映着斜阳，拉的好长好长。

此时的蔷薇在这里蔓延生长，绿色苔藓又伸延缠绕，爬满围墙。在绿叶的点缀下，淡淡的粉色，簇生梢头，把院内装扮的姹紫嫣红，盎然生机。淋雨的花瓣儿如花啼泪痕，微风过处，送来缕缕清香，浓浓的香味，清新扑鼻。可惜，只有她陪着这些花儿说话，只有她看着这些花儿静静怒放，唯一缕沉香相伴。

由于张家巷离开县城不远，在城关南面，离老城区，步行半个小时就到。所以张筑音每天清晨最喜欢做的一件事就是送两个哥哥和姐姐张和音背着书包上学，到了下午五点左右，她又会在家门前的小路上旁等着他们回家，只是一路斜阳不解她的愁。

每次看见她闪烁着希望和期许的目光目送哥哥姐姐上学，思绪也凝住了。她二哥张光裕倍感无奈和酸楚，常常安慰她说："我们继续去年的劳动，我们再栽几株桃花吧！"她做出一副无所谓的样子，笑着答应了。拿着小铲子，一路寻找着小蔷薇，漫步在夕阳中，仿佛一切烦恼与疲惫都置之度外了。可她越是这样，一直默默注意她的哥哥就越难受，却无法安慰她。

时光悄悄地溜去了，就这样，她在私塾几年，围墙内外也被她种满了蔷薇和桃花、梨花，浸着难以明言的心事，在春天里，成了花的海洋。微风一吹，一阵阵花木夹杂的幽香，弥散开来，使人心旷神怡。

【03】彼岸人烟——书香情怀

一年一年，围墙内的花已经凋谢，张筑音依旧一个人穿过巷子，站在围墙边沉默无语，桃树和梨树已经很高，纤细的树枝上长满叶片。

她大哥张光钱在后面注视着她，看着她这样，他心疼。

就在一九二五年夏天的夜晚，张筑音看见大哥和父亲谈话到很晚，第二天醒来时，她就听见姐姐偷偷地对她说，家里准备八月份送她去学校读书。听到这个消息，张筑音有点不相信自己的耳朵。张筑音又开心又害怕。她不知道学校会是什么样子。五年的光阴，让她习惯的是在私塾里看书写字。

新学校会是什么样子？学校发的又会什么书？……带着太多太多的好奇和神秘，一九二六年的九月，十岁的张筑音背着哥哥送的书包到县城小学上学了。

刚踏进教室，她吓呆了。宽敞明亮的教室里坐的，都是比自己小好几岁的学生。她不知自己该进还是该退，犹豫时，哥哥在后面推着她走到一张空课桌坐下。她紧张地向四处张望，同学们也正用惊奇的眼光打量着她。她从这种眼光里看到了惊奇，还有微微的鄙视和怜悯。

在这样的目光注视下，她如坐针毡，度日如年。一节课在同学们时不时回头注视下，显得特别的漫长。下课时高年级的学生路过教室，看见她，也是指指点点、议论纷纷。好不容易熬到放学，她快速地回到家，走进自己的房间，使劲地关上房门，径直走到床边，直躺下去，眼泪还是忍不住滑落下来。

一整天紧张兮兮，她太累了。此时的她好像是泄了气的球，瘫软在床上。今天应该是她最开心的一天，进学堂读书是她梦寐以求的事情，终于可以在学校的教室里认真读书，坐在讲台下，听老师讲课，这样的情景在她梦里出现过多少遍。可是，为什么这和她想象的不一样呢？

只是因为她比同班同学大几岁吗？

按着她现在的年龄，应该是四五年级的学生。即便是没人知道她的年龄，可是她的身高也骗不了人，哪有一年级小朋友长这么高的。想着想着，她内心波澜起伏，莫名的疑惑和烦躁。家里叫她吃饭，她门也没开，只是说自己不饿，不想吃。过了一会儿，门外有敲门声，她有点烦，对着门大声说："我说了不吃。"

"是我，大哥。"门外传来大哥的声音。她这才懒洋洋地爬起来去开门。大哥看了看她，然后走进来，她看都不看，接着倒在床上。大哥坐在床前的椅子上，对她说："哥哥知道，这么多年没能让你去上学，委屈了你。这才让你有了今天的遭遇。"

她背对着大哥，一动不动，装作没听见。

"如若你真想读书，就应该为自己读，而不是看别人的脸色。"张筑音听了，觉得哥哥说得也对。她这样在乎别人的议论，还能好好读书？"再说，你和她们之间的差别，其实不在于身高和年龄，而在于你是在别人的眼里看自己。一个人的年龄大小和读书没有一点儿关系，做任何事，努力和坚持才能决定一切。你在家里不是常说私塾老师从来没有打过你吗？你读的那些书都白读了？"

面对大哥一系列的反问，停住眼泪，鼓起勇气，躺在床上反思。是她想读书，是她爱读书，不是为了别人而喜欢，为什么还要用别人的言行左右自己的心情呢？想想自己在家不是常当着哥哥姐姐的面夸耀，说四书五经都难不倒自己吗？说这话的豪气和自信去哪里了？如若自己真是可以飞翔的大鸟，在森林里，如若总是听身边叽叽喳喳的麻雀说些什么，那自己岂不也是麻雀了吗？雄鹰和麻雀的根本区别不过是飞行的速度、高度、力度、角度。如若自己没有飞向高空的梦想和恒心，怎么可以快速在高空自由的飞翔？

想到这里，她从床上爬了起来，看了看大哥，大哥笑了。说："我就知道我家的小妹妹定是一只可以飞翔的鸟。"她听了，羞涩地低下头，揉捏着自己的手。大哥拍了拍她的后背说："去吃饭吧，明天咱们依然高高兴兴的去读书。"

她抬头看了看大哥，点了点头说："记得私塾老师在讲解关汉卿的《南吕·一枝花·不伏老》时说过这么一句话：一个人想要把事情做好做精，就必须要让自己是个蒸不烂、煮不熟、捶不匾、炒不爆、响当当一粒铜豌豆。"

"是啊，我家的小妹终于想明白了。现在是你想读书，想走进更远的天空，那么就必须静下心来，而不是把心思和精力用在这些无聊事情上牵扯自己的言行上。"

有了大哥的鼓励，她心头的不快顿时烟消云散，和大哥手牵着手出去吃饭了。后来她才知道，原来她在私塾里专门研读文史，也有弊端。私塾所传授的知识面没有涉及理科方面的知识，让她在理科方面是白纸，这也使得她大哥非常害怕。特别是每年寒暑假，等哥哥姐姐都回来了，一说到数学方面的东西，看见张筑音一问三不知。这让她哥哥很是担忧，虽然每次回家，都想办法给张筑音补上一点数学方面的知识。但是还是说动了父亲，让她去正规学校学习。

　　上学不易，越让她懂得珍惜。接下来的日子，她还需要慢慢地适应学校的环境，但是她觉得很快乐。不过，由于她年岁比同班同学稍大一点，所以各门学科知识接受也很快，成绩在班上也是遥遥领先。特别是她对国文的熟知，连语文老师都震惊。

　　有一次，语文老师讲解一个"井"字，让学生组词扩充词汇时，同学们有地说：井水。有地说天井……老师循环四周，发现班上就她没举手说话，就直接点名让她站起来说说关于"井"字的词语或说一句话。教室里鸦雀无声，她站起来，轻轻地说："关于井字，我只记得在《庄子·秋水》有这么一句话：井蛙不可以语于海者，拘于虚也。"

　　大家都惊愕地看着她，不懂她说的什么。唯有老师的脸上立马泛起了亮光，光彩夺目，盯着她继续问："你知道这句话的意思吗？"

　　"这句话简单地说井底的蛙不能跟它谈海之大，因为它被狭小的生活环境所局限"。

　　"你还能背出这句话后面的几句吗？"

　　"夏虫不可以语于冰者，笃于时也；曲士不可以语于道者，束于教也。"

　　面对张筑音的从容淡定、抑扬顿挫地把后面几句背了出来，老师大声叫道："你太厉害了，张筑音同学。"

　　听到老师的表扬，张筑音笑了。

　　老师发自内心的赞叹，让张筑音感悟到，原来自己在私塾的五年，并没有浪费掉，而是实实在在的在细读古典文学。蓦然回首，人一生中每一个经历都是相通的，每一个努力过的脚印都是相连的。过去五年读的书，如今成为让人羡慕的焦点，熠熠生辉。其实在每个时期，都不要在意自己的付出什么时候会收到回报，只要确定，这件事是自己想做的，那就足够了。毕竟事实证明了，读书是一件极好且极美的事。

现在，她克服了世俗眼光，贪婪地读着书，如同干渴的人看见汪洋大海，心情愉悦。安之若素，执着追求，只是想通过读书做一个更好的自己。多思考，多行动，手脑并用，总比无意义的迟疑和观望要好。有了坚定的信心，张筑音的举手投足间多了一份镇定从容，言谈笑语也有了一股淡淡的优雅气息。

或许，大哥说得对。人和人的时间是相同的，虽然她在私塾待了五年，错过了进入正规学校学习，但是也正是这五年，让她也获益匪浅，有了学校同学达不到了境界。别人都在惊叹她在国文方面的天赋时，却不知道她的努力才是最好的天赋。因为学习本身就是意义，而最好的馈赠就是在这个过程中努力成就内在。这世上，唯有多读书、多出去走走、多感受、多反思、多沉默，才可以提炼自己。

在新化小学读书的日子，她深深的体会到了颜真卿的那句"黑发不知勤学早，白首方悔读书迟"的真实心境。读书不易，越要珍惜。在这所中心小学读书，是她最快乐的事情，也是最幸福的时候。进入书的世界，宛如身在清新的风里，迎着朝阳走路，让人感觉心旷神怡。

一九三二年七月，张筑音以第一名的成绩考入了新化中学。接到通知的那一天，来自内心深处的愉悦喷涌而出，让她有使不完的劲，围绕学校的花园又蹦又跳，跑了几圈。哥哥姐姐看见了，合不拢嘴。这一刻，张筑音懂了，一个人只有不断地学习和努力，才会实现自己的梦想，充盈自己，创造奇迹。

上中学的第一天，天空格外湛蓝，大哥背着棉被送她走进学校。她看见温馨校园中，教学楼前的树荫下或校园的长廊里，都是捧着书的学生，耳边也是琅琅书声。一切都弥漫着醉人芬芳。是那样的清新，这是一个崭新的世界，一个让她一见钟情的地方。

第一天离开家，在学校住宿。哥哥有点担心，她倒是笑呵呵地望着大哥，安慰他："没事的，大哥，你看看我都这么大了，比同班同学都大四岁呢。人家那么小，能做的，我肯定能做到。"

在离开学校的时候，大哥张光钱还是偷偷地给她书包里塞了五元钱。她送大哥离开之后才发现。她小心翼翼地夹在日记本里。因为她知道，这五元钱可能是大哥一个月的生活费。为了节约开支，她把自己读小学时用过的本子没有用完的纸张撕下来，装订在一起。课余自己就去图书馆看书，这样免得花钱买学习资料。因为自己年岁偏大，她又怕自己比人家笨，成绩跟不上。毕竟来这里学习的，都是全县成绩佼佼者。想要在学校脱颖而出，必须要付出别人的十倍努力才行。因为无论你做什么，别人能看见的，只是事情的表象和结果，看不到你的努力和坚持，更不会体会到你坚持的艰辛。

初二暑假，她在家看书，大哥和他的好友曾毅夫从长沙回来，无意发现她正在用姐姐的初三课本自学，大哥很是骄傲，当着她的面对曾毅夫说："我这个妹妹啊，就是想读书，啥也没兴趣。"

曾毅夫大吃一惊，睁大眼睛，扬着眉头对大哥张光钱说："好啊，将来去长沙读书，说不定她就是未来的大作家。"

大哥很高兴，拍了怕曾毅夫的肩膀说："能被你这个湖南教育厅工作的才子表扬，看样子就会是真的。"

"你怎么就在看初三的课本？"曾毅夫翻了翻张筑音手中的书，惊奇地问。张筑音看了看他，不好意思低着头说："我又不聪明，只好比别人勤奋一点。反正闲着也是闲着，还不如利用别人休息的时间抓紧学习。"

"你看得懂吗？这么厚？"曾毅夫有点不相信。

"看不懂就问哥哥姐姐呗，这么厚，总有一天会看完的。"她笑嘻嘻的望着曾毅夫说："颜真卿早就说过：黑发不知勤学早，白首方悔读书迟。人最可怕的不是有高智商，而是能坚持到底，水滴石穿的精神和劲头。"说完她信心满满地抿着嘴巴。

"你家这个妹妹不得了。"曾毅夫对着张光钱伸出了大拇指。

那一刻，张筑音多想跟大哥一样，可以到省城去读书。

省城里的学校，一定比这里的书更多。省城里的学生，一定都像花儿一样漂亮。省城里的好多地方，她都想亲眼看看，好多好多的书，她都想拿来读读，好多好多饱读诗书的人，她都想亲自向他们请教。

不知道是曾毅夫的一句话激活了她的欲望，让她有了更明确的标目和动力。还是她原本就渴望去外地求学，她的中学生涯，好似就只是两个字"努力"，除了和书缠绵，几乎再也没有其他爱好。

周末，学校的图书馆成了她常去的地方。她坐在安静的角落，翻开书，就觉得那一行行的字似一个个快乐的小精灵，随着她的大眼睛跳进她的脑海，使她汲取了新鲜又充足的养分，如痴如醉。业精于勤而荒于嬉，行成于思而毁于随。她相信，只要努力了，才对得起自己。

悠悠求学路，一分努力一分收获，或喜或悲，点点滴滴却宛如烟花一样绚烂。

一九三五年六月，张筑音以优异的成绩考入周南女子中学，再一次实现了心中的一个梦。张筑音越发喜欢看书，喜欢婉约的诗词，喜欢悠悠的古典文化，让她在私塾浸泡，或许对她也是一种身心的修炼。她的坚持、她的努力，日积月累，使她随着书的熏陶和浸润，在时光的打磨下越来越引人注意。不得不说，书籍是生活的加速器，是改变命运的最好工具。不仅滋养了她的心灵，扩充了她的视野，也美丽了她的外表，由内而外透出一种迷人的魅力。

　　幽深的小巷，长满青苔的石路，三两朵黄花，妩媚中透着优雅，散发着美妙的清韵。远离世俗和烦扰，弥散着青春的韵味，潇洒在天地之间。

不休老圃
秋窓淡猶
有黃花晚節
癸辛卯歲

第二卷

周
南
记
忆

　　白的花瓣，淡黄的底，在岁月的风霜面前，信首低头的那一抹温柔，留下斑驳陆离的影。
　　倚石而生，深石而立，石的沉默，菊的柔，清风也美，万物婷婷。

能改变一个人的，莫过于学生时代、求学生涯。

熟读诗书的女子，最向往的，莫过于能在一方庭园，穿梭青石小巷，吮吸着唐诗宋词里的雨露，从波光山影中走来。

在烟雨蒙蒙的潇湘，关于学校，关于女子，她们最想去的地方就是周南。

周南之名源自《诗经·周南》里的"周礼尽在，南化流行"。创办于一九〇五年的"周氏私塾"；一九〇七年更名为"私立女子周南女学堂"；一九一二年为"湖南私立周南女子师范学校"；一九一九年为"湖南私立周南女子中学"。

自创办以来，这里曾经聚集过很多文艺女青年和知性女子，比如马英九的母亲秦厚修，一九三八年九月在周南女中就读于初二十三班。不过，提及三十年代末的周南女子学校，多数读书人都说起一个名字——张筑音。

【04】清幽与独处——廖学茂、廖静文

湖南长沙，古人早就说过：惟楚有材，于斯为盛。长沙有历史上著名的岳麓书院，而且作为城中心，文化氛围浓厚，学府多，讲学多，藏书多。三四十年代，酷爱读书的湖南女孩子，都渴望有一天能考进长沙周南女子学校。不仅仅因为湖南私立周南女子中学是革命教育家朱剑凡毁家兴学创办，人才济济，是知识女青年的集会之地，也是女孩子"飞翔"的好去处，在民国时期赫赫有名。更主要的是这里师资力量雄厚，开设科目众多，只收品学皆优的女生，使其成为了女生向往的学校。张筑音的梦就是想到省城长沙去求学。一九三五年六月，张筑音的梦实现了——从新化中学以优异的成绩考上了长沙周南女子中学，实现了她想到省城长沙求学的梦。

八月，张筑音十六岁，柳眉如烟，唇粉红，正如花似玉。成了周南女子中学高一七班的学生。

接到通知书的那一夜，她毫无睡意。望着窗外的月，傻傻地笑。深蓝色的天空发出柔和的光辉，澄清又缥缈，透过方格窗静静的洒满她的房间。竹影依稀，月光温柔，在竹林里形成了袅袅升腾的雾气。透过竹叶缝隙的淡淡月光，光滑透亮。星星点点，随风儿而起伏摇摆，似是她快速跳跃的心。

人，总是有个渴望。无论大小，都是一个人的精神支柱。想想自己在私塾那五年，在镇中小学的九年，所想的，不就是这张入学通知书吗？或许，做个心中有梦的人，总是快乐的。因为只要坚持努力，再遥远的梦也会实现。张筑音真正明白了什么叫天道酬勤。正所谓"机会留给有准备的人"。

跟着哥哥来到她梦想的城市——

1935年夏，张筑音在周南女中学校一角留影

长沙，看见匆匆而过的路人、拥挤的站台，飘着动听音乐的茶楼，她感觉走进了一个新的世界，自己也将在这里脱胎换骨，有新的生活。

优秀女孩子扎堆的地方，定是少不了众人评头论足。

报到的第一天，张筑音在哥哥的陪同下，第一次拿着入学通知书穿过拥挤的人流踏进这所学校时，她白里透红的鹅蛋脸，一双大眼睛，高鼻梁，小嘴唇。高挑的个子，优美的身段，典型的江南古典美女，走到哪里都会让人多看两眼，引起了学生的注意。而张筑音并没注意，因为刚刚从资江边的新化县来到省城，心里特别高兴，对这所学校充满了好奇。

哥哥带着她在学校报名安排好之后就走了，剩下她一个人在幽静的学校里转悠。学校里亭台相济，山水相融，蔚为壮观。院内是古藤曳紫，松竹掩映，增添了几分奇异。越过围墙，和山上的楼阁遥遥相望。依着宿舍窗望去，前面是一条宽阔的大路直通教室，两边是高大的树木，层层叠叠，枝桠纵横。绿色山包下，是一片清澈的湖。远远望去，整个水面绿得如翡翠，亮得如玉，像一张碧绿、透明的玻璃纸。阳光闪烁，好似在湖上泛着一片青烟似的薄雾，隐隐约约晃动之时，倒影出灰色的山做着背景。仰首望去，湛蓝的天空下，阳光灿烂，空中到处飞扬着悦耳的鸟叫虫鸣，蜿蜒起伏的山脉，都是苍翠欲滴的浓绿。

就在她正在默默欣赏新环境时，宿舍的门打开了，走进来一个明眸善睐的女孩子，她穿着白色上衣，浅灰色裙子。

"你好，我是廖学茂，你也是高一新生吧？"

在这个陌生的学校，第一次有人主动找她打招呼，张筑音立马站起来走到廖学茂面前说："你好，我是高一七班的张筑音，刚从新化来。"

"原来漂亮女生是我们班的，太好了，我们是同班同学。"

廖学茂开心地拉着她的手转了起来，让原本还有点小紧张的张筑音轻松多了。

这样的对白，让廖学茂和张筑音一见如故，并介绍了自己的妹妹廖静文。那时当时廖静文正在周南女子学校读初三。皮肤很好，润如脂，粉光若腻，给人感觉是粉嫩粉嫩的，像画里走出来的。说话也很轻柔，比性格活泼开朗的廖学茂多了一份娴静。

那一天，廖静文穿着蓝色长袖上衣和青色裙子，是学校的校服，淡色调组合是张筑音喜欢的。所以，等张筑音拿到自己的校服时，她忍不住想拍张照片做纪念。照相师傅来到学校时，阳光正好，张筑音穿着周南女学生的校服（蓝色长袖上衣和青色裙子），头向上昂起，风从远方吹来，淡淡的花香拂过，让张筑音有点微醉的味道。

来到长沙，来到周南女子学校，让张筑音有种如鱼得水之感。上课时坐在宽敞明亮的教室，休息时间参加学校各类活动，在快乐中忙碌，在忙碌中学习，对于努力向前奔跑的人来说，时间往往是严重的不足，一天似乎流淌的特别快。

张筑音在周南女中时有一个梦想——做一名图书管理员。当然，如若可以，做一个书虫最妙。可以在书堆里尽情地爬行，每天都可以贪婪的在书中吮吸，每一分钟都在大口大口地吃着绝美奶酪。与她看来，书，是洗涤人内心的东西。能让人瞬间安静下来，摆脱烦琐，陷入芳香。

如若人真的有前世今生，她上辈子会不会是一只在书中咀嚼的虫子？她把这个疑惑告诉好友廖学茂时，廖学茂惊讶地说："哎呀，怎么和我的想法一样啊？"两个人不约而同笑了。两个妙龄俏丽女子灿烂爽朗的笑惹得匆匆擦肩而过的人频频回头，凝视她们逐渐远去的美丽背影。

身边有了好朋友，遇见什么烦心的事，三个人也都有个帮手和倾诉的对象。三年的高中生活，是她才能尽展时期，也让她和廖家两姐妹结下了深厚的友谊。由于廖家姐妹是长沙本地人，所以课余她们常常带着张筑音到长沙城内到处转转，偶尔也带张筑音去她们家玩耍吃饭，而岳麓书院是她们几个人去的最多的地方，书院前门的糖酥板栗和臭豆腐也就成了她们三姐妹吃得最多的小吃。

三人一起参加了学校的文学社，逐渐开始用文字说话，提笔绘下清风明月的时光，随时轻声念起，装满的都是无悔的青春记忆，一道独特的风景。

一张旧报纸，一本校刊，便是画里的烟雨江南，由三个女子的信件连成淡默的画面，表达自己对生活的感激和向往。三颗水晶般的心，在不安宁的年代，聚成暖暖的香。将相遇演绎一段刻骨铭心的回忆，抚慰逐渐远去的岁月。

一个人在省城求学，难免寂寞无聊想家。每到这个时候，她就一个人坐在窗前，很迷茫地看着前方，望着月儿，想到老家，她脑海里总是浮现小时候在私塾里读的《古文观止》卷十·宋文·《秋色赋》里那一句："星月皎洁，明河在天，四无人声，声在树间。"或许，欧阳修想描绘的夜色，就是自己老家那景色吧。

【05】才气难挡——初涉文坛

不知不觉在这里已经一年了，张筑音现在是高二的学生。在这里，她贪婪地留恋于书海，在书堆里吮吸着精神奶酪，感觉自己像是一只极度渴望飞翔的小鸟。

五月三日，正在宿舍看书的张筑音听到好友廖学茂说下周周南女中要举办中学生作文大赛，这个消息对上年获得亚军的张筑音而言，是个兴奋剂。她看了看一脸喜悦的廖学茂，笑着说："你这么高兴，肯定是想参加吧？"

"我是为你高兴呢。"

"为我高兴啥？"

"这是你擅长的，有这么好的机会，当然不能错过。再说，你去年获得亚军，难道今年不想试试当冠军？"

廖学茂的话，说到张筑音心坎上了。她怎么能不想试试呢？不试试怎么知道自己是否有进步？不试试怎么知道自己的潜力？她当然想试试，而且非常想。

上年的作文大赛她的一篇《桂花旧影》获得亚军，就是对她读书最大的鼓励和肯定了，如今时隔一年，她也想知道自己在文学方面到底有没有长进和创造才华。

青青的山，满树的花，几许深邃，几许神秘。云雾之间，燕雀低旋，青山绿水花飞，渡一方云水。轻烟细雨，历世事变迁几回，散落在天涯。

　　去年的作文大赛是走进了考场才知道题目，黑板上规定是写景，题目自拟。当时看见学校园内的四季桂正娇，清风吹过，暗香扑鼻。结合当时的社会局面，脑海里便想起了南宋词家王沂孙的《花外集》里《眉妩·新月》最后一句："看云外山河，还老桂花旧影"。这首词双关运典，以新月映衬国土的残缺，写景寓情，是很好的模板。在描写桂花柔丽而苍凉、冷艳清雅时，她运用了宋朝诗人朱熹的《咏岩桂》"亭亭岩下桂，岁晚独芬芳。叶密千层绿，花开万点黄。天香生净想，云影护仙妆。谁识王孙意，空吟招隐章。"突出桂花的脱俗和芳香。

为了突出主题，在文章中间启用元代诗人倪瓒的"桂花留晚色，帘影淡秋光。靡靡风还落，菲菲夜未央。玉绳低缺月，金鸭罢焚香。忽起故园想，冷然归梦长"扭转笔锋，写景寓情，深惋而沉郁，升华中心思想。这样一篇寓情于景的优美作文在学校公布栏上贴出，引起不少轰动。只是评审老师说如若笔锋还能老道点，会更好地展现出中华文化的博大精深，这样中心思想也就更有沉淀，更能让人回味。不过，她那篇旧作还是被来学校采访的报刊编辑看中，拿去当作散文随笔刊登在《学生习作园地》上了。

　　经过上年的大赛，有了学校老师的指点，张筑音在写作时摒弃喧嚣与浮华，也就更加清晰习作时起笔和运笔的分寸和整个篇幅的搭建，创作时多少也就学了点技巧。散文内容丰富，篇幅小，题材广，容量大，形散而魂不散。一篇散文的谋篇、构思是极重要。它的形式灵活、文情并茂的文体，既需要丰富的想象，又需要有诗意和广博的学识。文章文笔看似随意，实则字字句句都与主题中心有关，才能融会贯通，升华思想，营造出含蓄、深邃的意境，使人读而生情。有了第一次的经验，对于她这样酷爱文字的人而言，是一种经历，也是一种磨炼。

　　为了做到心中有备而战，她开始频繁地来往于教室和图书馆。毕竟她去年写的是抒情散文，借助对桂花的赞美，激情于笔端，体现出作者对大自然的热爱，对生活的激情，这种对生活炽热的感情是《桂花旧影》的内在构造。写作特点是文字优美，迁思妙得，遣词造句，浓墨重彩，让读者随文字而澎湃于内心，设想出迷人的情韵。但她的不足也很明显，驾驭文字的娴熟还有待提高，特别是在文中还需要有特别敏锐的眼光和洞察力，挖掘出与众不同的视角和问题。今年想取胜，就必须结合自己的文风，精心谋篇，弥补不足。

　　时间过得真快，转眼就到了比赛时间，前一夜，她辗转难眠，兴奋和紧张各参一半。

　　第二天早上，廖学茂给她在食堂里端了两个馒头，一碗稀饭，又担心她过于紧张，吃啥没胃口，还特意让妹妹廖静文到家里拿了一小瓶酸豆角，为的是希望能换来她的好心情。人心情好，做什么都会顺。两姐妹看着张筑音很淡定地吃完，看着张筑音走进考场，廖氏姐妹紧张的站在教室外，坐在树荫下，紧张兮兮地等着，也期盼着。

张筑音穿着校服走进教室，看见这次参赛的人比往常多了很多，而且还有几个都是她不认识的新人，她不由有点紧张。刚坐下，就看见监考老师走上讲台，说明比赛要求，同时也交代了大赛的具体内容——人文、地理、历史散文。听到这个内容，张筑音在心里就开始默默地寻思，该如何为自己的文章谋篇。

"唐宋八大家"里柳宗元清深意远、疏淡峻洁的山水闲适之作《永州八记》不就是很好的人文、地理、历史散文范本吗？想到这，张筑音心里有了些许的轻松，有了一个基点，还需要骨架才能填充血肉，柳宗元的山水散文是以游记形式进行阐述和描绘的。如何在这个蓝本上出其不意，有新意呢？

张筑音在心底把柳宗元的《小石潭记》默默地温习了一遍，寻找一个新的角度。结合柳宗元的游记，她开始分析散文的不足和局限。这个《小石潭记》只是记叙了某一个地方的风景，以及作者在行走中游览的感受，没能让读者感受到这个地方是个内涵丰富的名胜古迹，如若在游记里掺和进当地的历史因素，借助大量的文化知识，是不是打开了另一片视野，演绎出一道亮丽清新的风景线，想要取胜，必须出其不意。用独特的视角，创造的激情与涌动的灵性同时迸发，她提笔写下题目《走进张家巷》。

写那个生她养她的故乡，也是她最为熟悉的地方，或许是最好的选择。

按着她的构思，笔墨入画，她把老家的风景写得像画一样，山清水秀。巍巍青山、潺潺流水、漂浮的鲜花的芬芳……都在她脑海里起伏。她用细腻柔美的文字，运用通感的手法，在回忆中细细道来，张家巷诗歌烟花飞满天，芳菲隽永的每个角落，将每一处地方都点染得十分生动。

张家巷的村子，绿杨庭院，暖风帘幕，淡淡的青草和着清脆的鸟鸣，透过窗纱，暗香浮动，飞花入梦，宛如诗词里的大自然，让浮躁的思绪瞬间得到安抚。家门前的那座山上，听说以前有个桃花庵，结合她听年长者说的浪漫传说，落笔如行云流水，把大自然和历史交融在一起。把家门后那座遥远的山，也用它原本的历史根源做影子，道出不一样的境地。整篇文章内容涵盖了风景和神话和旅行等多个领域，色彩明丽，意象妙绝，宛如一幅张家巷的历史画卷。凸显出的不仅仅是张家巷特有的江南风景，还有当地的历史文化繁衍气息。舒卷之间，灵性激溅，大自然与历史交织而成的景观使她摆脱了去年抒情散文的小家子气。字里行间，弥散着浓厚的文化气息，让人看得到的是另一个极富文化沉淀的张筑音，厚重的人文历史风景在她的笔下，不仅仅具有意境美，更具有可读性。而且她清秀的文笔，淳朴的描绘，积极乐观向上的情感笔调，让枯燥的历史刻画得栩栩如生，显得富有生气，格外的明媚和高贵。

融情于物，以物体情，虚实相生，一气呵成，顺利收笔。走出考场，她长长了吐了一口气，然后笑着向廖氏姐妹飞奔而去。看她像一只快乐的小鸟，廖氏姐妹悬在半空的一颗心也才慢慢落下，踏实了，立马邀请她出去吃东西，慰劳慰劳她。一路上，欢声笑语，洒下一路。

按这往年惯例，第二周的周一就会公布大赛结果。三姐妹既兴奋又极度期待。那几天的等待，让她们感觉时间似乎过的比较慢。

那天公布大赛结果时，天空如洗，艳阳高照，娇嫩又艳丽的紫薇在校园内如火如荼，站在学校教室放眼望去，远处稻田一片绿意，楼下树木郁郁葱葱，好似比往常多了一点什么。道路两旁，绿树成荫，几只小鸟唧唧喳喳在枝头活蹦乱跳，似乎在说着什么。阳光下，很多跳跃的色彩在张筑音眼前晃来晃去，至于是什么，她没去注意。她的耳朵只听见学校下通知要召开全体师生大会，张筑音猜想，定是公布作文大赛结果。这是既紧张又渴盼的时候，害怕和紧张同时并存，希望和失望也同时出现。一路上，张筑音都不敢和同学说话，只是默默地低着头走在学生队伍里，生怕有什么声响惊动了大家。

校长在会上说：她那篇文章令人回味，笔端饱蘸着博雅的文化内涵，令人叫绝，获得作文大赛冠军。她的脸瞬间燃烧了，心跳急剧加速，一股滚烫的激情像洪水咆哮，在她的身体里奔涌向前，手心都在冒汗，好似每一根神经都在发烧，每一根汗毛都在跳动，呼吸也越来越粗，她不知道自己当时是怎么站了起来，高仰起头，从拥挤的学生队伍中走出，只记得身后同学们不断地欢呼和推动，她走上台，从校长手中颤巍巍地拿到了冠军的奖品——一个黄铜墨盒子，上有周南女中作文比赛冠军纪念刻字！

那一刻，她听到了雷鸣般的掌声，看见了同学们挥舞的手臂，也看见了紧紧握在手心的奖杯。一阵微风拂面，她容光焕发，神采飞扬，站在全校的中心，仿佛空中飘荡着动人的音符，校园开满了鲜花。

接着，那篇作文刊登在校园周刊的首页，后来被推荐在杂志。当张筑音拿到报刊时，心儿似乎要跳出身体，手也在发抖，空气也是热的。

这是不是在做梦？

报纸上写的是自己的名字吗？

她不确定，使劲地掐了掐自己，疼。不是梦。她再把报纸拿起，仔细看了看，是自己的名字。会不会自己太高兴，看花了？是不是和自己同名的人呢？她揉了揉眼睛，一字一字地认真读："周南女中高七班张筑音"，是自己！是自己！她这才放心，用手心捂住心脏，长长的出了一口气。

这是张筑音的文章第一次获奖，也是第一次刊登在各大报刊和杂志上。这一次获奖，成为她人生当中的一个转折点，为她的文学创作打下了良好的基础，使她成为当时长沙校园文学群体的一匹黑马。同时也是鼓励她不断努力学习和写作的坚实的动力，追随她一生不变的情怀，更是她的精神所在和梦里花园。

【06】光影交错——1938年和李锐一面之交

一九三八夏，和往年一样，鲜花还在，万物还没凋谢，山水之间，满目苍翠，很美也很安静。不过，在张筑音眼里，那一年的秋五颜六色，炫丽无比，是生命中抹不掉的风景。因为已经是高三的学生的她，马上就要面临着下一步的去向问题。

张筑音除了上课，就是在图书馆待着，同学们都知道她这个习惯，如有什么事，都尽量不去打扰。五月八日，她刚从图书馆走回到宿舍，就遇见了九班的陈逢美正在到处找她。她想约张筑音一起去参加爱晚亭救亡集会。张筑音想了一下，答应了。

五月九日，张筑音和陈逢美起得很早，一起去爱晚亭参加了。这是他们第一次参加这样的集会，心情有点激动。集会上，她们认识了给她们讲话的青年人李锐和杨荣国。面对周南女中高三学生张筑音和陈逢美，又是学生会主要成员，看到她们两人的满腔热情和爱国情怀，李锐和杨荣国觉得可以发展为会员。于是，在五月十日中午，他们就与张筑音和陈逢美相约，在爱晚亭一起说说话。夜晚，张筑音回到学校，立马把这激动人心的事情写在日记里。在李锐和杨荣国的鼓励和帮助下，张筑音和陈逢美决定参加在长沙组织的抗日民族解放先锋队，五月十五日，她们两人开始参与相关的事情。

五月二十日，组织安排她们带着同学们去参加学生集会，因为参与人数众多，除了有长沙地区几所中学和大学的学生外，还有外地的大学生。为了保障学校同学们的安全，她把参与集会的同学名字收集整理起来，前一天夜里就联系好，规定集合时间和地点。为了不落下任何一个积极向上的热血青年，她凌晨五点就起床，把参与集会的学校同学一个个喊起来，趁着黎明的曙光，在长沙的街头搭建演讲台。

身为主席的年轻大学生李锐因为事务繁多，常常不能到场，很多事情就是杨荣国负责。有时候他们两人都不在，为了保证先锋队里的一切活动，张筑音课余和其他先锋队员一起忙碌。

一天中午,她刚准备躺下午休,同宿舍的同学拿来一张学校的校刊,在她面前扬了扬,对她说:"想不想看看你自己的大作啊?"

"什么大作啊?我好像没投稿吧。"张筑音抬头看了一眼,懒得理会。

"上面有你的《夏日花开》,难道是别人帮你写的?"同学怕她不相信,把校刊翻到有她名字的那一页,用力地摆在她面前,并用手指着她的名字反问。

她低下头认真地看了看,确实是自己的名字。可自己明明没投稿。她疑惑了。同学低头问她:"我没骗你吧。是你自己的。"

"可我真的没给校刊投稿。"张筑音申明道。

"唉,你自己没投稿,难道老师不会啊?你别忘了,咱们的语文老师可非同寻常,是学校校刊主编和负责人,你的作文写得那么好,谁不知道啊?写得好,老师就会看出来让全校都看看、学学呗。"

听了同学的话,张筑音想起来了,前不久老师还特意在下课后表扬她,说她的作文《夏日花开》写得很好。当时她只是腼腆地笑笑,没当回事,原来老师拿到校刊刊登了。看到自己作文课上写的作文,张筑音还是有点高兴。毕竟校刊基本上是人手一份,那可不是一个小数目。想想有那么多同学都会看见自己的文字,怎么说也都是一件开心的事情。晚上,她躺在床上,望着窗外明亮的月儿,静静地想着抗日民族解放先锋队的事情。突然,一个疑问在她脑海飘过,她是否也可以写抗日文字刊登在校刊上呢?

那她该写什么呢?怎么写才能像李锐主席演讲的文字一样?语言犀利又充满激情,短短数语,唤醒了人们被麻木的爱国精神,把对祖国的爱播散到大众的心里,给人的印象是多么深刻!

想到这儿,她有点兴奋,越发睡不着。开始在心里谋划抗日篇章。天还没亮,她就起来趴在桌子上写写画画。到了下午,一张白纸上密密麻麻写满了字,虽然字里行间是鼓励同学们遇到困难要毫不畏惧,可她怎么看都觉得乏味,没有主席演讲的热情,不像是充满义勇正气的文章。就在她愁眉不展时,抗日民族解放先锋队主办的《民族呼声》

杂志出来了，听到这个消息，她更是期待，好想看看别人是怎么写的。好不容易，杂志出版了，她迫不及待地翻看，仔细地研读，里面的每一篇文章，轻轻一笔，重若千钧。简短的几句话，便点明主题，击中要害，诠释了对祖国的深切热爱，提高了民族自尊心和自信心，让人引起共鸣，情绪高涨。她越看越爱看，特别喜欢。

由于杂志发行少，能看得到的人也就不多，只是抗日民族解放先锋队队员看还远远不够。为了让更多的人参与到抗日中来，《民族呼声》杂志就需要更多人的帮忙才能推介出去，传播抗日思想。于是，各大学校的抗日民族解放先锋队队员开始到处宣传和销售。张筑音也参与其中，她把杂志拿到学校，组织同学们一起参与销售，很快就在周南女中掀起了热潮，短短几天，《民族呼声》杂志全部销售完毕。还有附近学校的很多学生因为没看到而托人找张筑音想办法，希望能买一本仔细研读，感受新思想。

没想到，就是宣传代销《民族呼声》杂志事情让她进入了国民党的黑名单里，派人到学校抓张筑音。当这个消息传到学校，同学就立马偷偷地告诉了张筑音，此时的张筑音初生牛犊不怕虎，毫不在意。依然准备拿着书去图书馆。半路上，有人拉着她，动员她跟随学校搬迁的机会去安化。这样即便是有人来找，学校因为搬迁，杂事多，学生基本散去，找不到她做推辞。这样免得他们天天来找，减免了学校的麻烦，也让她自身安全。听了朋友的话，张筑音觉得也不错，周南女中的搬迁是上面指令的，想必一路畅通，即便是有检查也不会很严密。转身回到宿舍收拾行李当天下午就随学校搬迁的车队，躲在实验器材里。

一路颠簸，一路躲藏，皎洁的月亮看着张筑音到了安化，住在学校在蓝田搭建的临时搬迁区。白天帮助学校把从长沙学校运来的设备卸下，晚上听田间的青蛙呱呱呱叫个不停，一阵微风吹来，树叶沙沙作响。一只只飞蛾在淡黄色的灯光下翩翩起舞，提着灯笼的萤火虫时不时也在她眼前飞过，如此沉寂的黑夜，她无法安然入睡。

来到蓝田有些日子了，想必长沙要抓她的事情也烟消云散了吧。

她开始用化名写信给在那里的同学，想询问抗日民族解放先锋队的其他成员。一封封信写好了，带着她的希望，缓慢地行走在路上。

隔着一程程山山水水，她一天天地等，一夜夜地盼，时间似乎是在刀尖上旋转，不是一般的缓慢，是特别的晚。好不容易，接到了一封回信，同学回信里说不知道抗日民族解放先锋队现在在哪里。让她很是着急。没了组织，她像只掉队的孤雁，独自在安化蓝田徘徊，在天边低吟浅唱。在希望中苦苦等待，等待着黎明的到来，等待着长沙传来好消息，等待着先锋队的人出现。

如若说青春是阵风，不经意间，就飘过眼帘。那么中学时光就是人一生中最透明最纯真的记忆，让人铭刻在心。张筑音在周南女中的高中生活，多姿多彩，让她记忆深刻，越长大越怀念。即便是此时此刻，她一个人在安化，人生地不熟，孤零零的，漫无目的。每天除了帮助学校整理搬迁的资料，她就在蓝田到处走走，细数门前落叶，行于笔端。蓝田的山山水水，随时间的逐渐熟悉。那一件件不起眼的事儿来，那些遗落在角落里的记忆，此时全是斑斓的光影，成为她唯一的支柱和梦，让她牵扯出一段段文字，伴随渡过一个个漫长的夜。

两个月之后，她接到还在周南女中读书的廖静文的信，廖静文说，长沙抗日民族解放先锋队的人散布很广，周南女中的，她只听说有张筑音和陈逢美，至于是否有其他的人，她不清楚。前不久国民党还派人来学校询问有关她的消息。同学和老师都说不知道，也找不到。那几个人才怏怏而去。听到这个消息，张筑音还是隐隐地担心学校里其他的成员。

第二天夜里，幽蓝的天空无边无际，点缀着无数的小星星，像一盏盏遥远的灯，静静地望着她。她也默默地望着在宁静的天空，看一轮明亮的月儿挂在树梢，透过云尘，散发出皎洁的柔光，落入她的窗，落入她的房，任凭淡淡的月华把她的世界照得通亮。她思前想后，辗转难眠。窗外，风儿阵阵，送来野花的芳香，让夜显得更加幽静。

世界一切万物变得安静，越是清冷的时候，人的思绪越是清晰。

她靠着床头，倾听窗外雨声，回首往事。想起了岳麓山的聚会、想起了李锐那次演讲、想起了他们一边走着一边谈话、想起了和同学加入激情昂扬的心情、想起了大家代销杂志的点滴，这些仿佛一股股暖流，瞬间流进她的心里，温暖了她一度消沉的心房，使她心旷神怡。她忍不住爬了起来，给武汉大学的李锐写了一封书信，字里行间饱含热情，希望自己能加入他们，和他们一起抗日。

可是，现实是如此无奈。她只是知道李锐是国立武汉大学的学生，并不知道具体的收件地址。根据当时的实际情况，很多学校为了躲避战火的破坏而搬迁到偏远地方，她无法知晓此时的国立武汉大学又在何处。那封信，只能收藏在她身边。不过，她从没有放弃过打探消息，直到她大哥来蓝田看她，她才知道，因武汉会战爆发，国立武汉大学被迫西迁四川乐山继续办学，农学院并入国立中央大学。这也就意味着，她的信即便是寄出去，李锐也未必能收到了。

深深浅浅走过了那些焦虑的日子，翻开笔记，字里行间充满着激情燃烧的痕迹，是她生命中最绚丽的风景。一封信，一个期盼，一种梦想，一分燃烧的热情，唯一鲜明的记忆，时光赠与的纯美，就此尘封在张筑音的心底。信上的字，是她的低语，也是她心中的太阳，指引她前进的一盏明灯，让她亢奋的一种心境，愈久愈诱人。毕竟，生命只有经历过才算完整。

三年的长沙学习，让原本中文底子就特别深厚的张筑音在学校各类比赛中脱颖而出，身材高挑使她成了中学排球队主力，她的美貌又让话剧团时常把她拉来作为表演支柱，而她参加演出的节目在全校汇报展演时，获得了雷鸣般的掌声。各方面优秀的表现，让全校师生都喜欢她，她成为公认的校花。在当时的周南女子中学里，人皆尽知，对她印象很深。连她的老师后来再次遇见她都说：你那时年轻、漂亮、精通文史、有才气，还有点好表现。

回眸时，那段经历，于烟雨红尘处，丰富了她的情感，慰藉了她的心灵，也惊艳了她的岁月，让她念念不忘。

一场秋雨一场寒，半年的光阴无声无息的成为过往。一九三八年底，廖静文来信说，国民党依然没有放过周南女中，还在长沙寻找张筑音，这样不仅让张筑音失去了报名申请参加大学入学考试的机会。还让她与长沙组织的抗日民族解放先锋队，也就此失去了联系。不过，她参加抗日民族解放先锋队的事情也就不了了之了。

　　这是记忆中的江南，静望荷塘，江畔烟树迷离，水中一抹娇艳色彩，随波摇曳，点染于绿波之间。浓绿的叶，晶莹剔透的水珠，平静里又悄然泛起涟漪！

第三卷

人生如初见

寒蝉低咽，松涛阵阵，思绪穿越时空，轻抚岁月的沧桑。倚窗凝望，一轮圆月，两只云雀，风轻云淡，竹影依稀，充满空旷的夜空，是故乡最美的风景。

掸落衣上尘埃，拂去心灵的悲伤，人一生中，总会遇到很多人。不是你来，就是他往，但多数只是一个匆匆过客。

　　谁遇见谁，谁错过谁，似乎都属于正常，没有改变。有的甚至连过客都算不上。来去之时，犹如窗外飘过的一阵风，没个踪影，也看不清。都不知道谁是谁的陌生人，谁是谁的过路人。

　　素色时光，最美的缘，终究也敌不过一场娇艳的花期和朦胧的烟雨，来得突然，也来得防不胜防。

　　有缘人都说是五百年前的相约，或许，在此等你，就是她的一生。哪怕满地黄叶舞秋花。你来不来，她都会在冗长的岁月里，素心向暖，随遇而安，从容淡定于沉默中，微笑着在天边，梦外交杯换盏。而你的一生，似乎也只是为了这一场遇见，体会消瘦清苦的百般滋味。

　　一阕词，一首诗，轻柔曼妙，道尽尘世的苍凉。梦里花飞蝶恋，一生痴恋。

　　阡陌红尘，清浅时光，岁月静好。

【07】春风十里　不如有你——国立师范学院

　　一九三八年，抗日战争爆发后，局势极度不稳，连一直很安静的周南女子学校也被敌机狂轰乱炸，学校被迫从长沙迁移到安化蓝田。六月底，周南女子学校从长沙正式搬迁到安化蓝田工作完毕，张筑音一直在这里躲避国名党的追寻，等着学校师生的到来。

　　而此时的廖学茂已经从周南女子学校毕业，就没有到蓝田来。不过，她给张筑音写了一封书信，告知她准备去重庆。重庆，那是一个未知的世界，更是一个陌生而又遥远的地方。生在湖南、长在湖南的筑音不曾想过独自一人前去。或许，性格典雅文静的她注定了在烟火中独守一份寂寞和幽静，成就自己的世界。

　　七月毕业，八月学校发毕业证。拿到毕业证的同学纷纷回家了，张筑音想多在学校图书馆里待一阵子，可是学校已经有了入住的新生。对于她这个已经毕业的高中生，学校对她另眼相待，特意给她在宿舍区腾出了一间小房子，供她住宿。虽然只有小小的二十平方米，但是对于张筑音来说，已经足够奢侈了。隔壁住的是宿管林阿姨，也是湖南新化人。张筑音的高中三年，一直和林阿姨相处，彼此很熟悉，生活上也相互照应。对于学校的安排，张筑音很是感激。由于她是一个人单住，也就很自由，这一住就是两个多月。生活上她就在学校购买餐票，跟留校的老师一起在食堂吃。

　　九月，周南中学开学，廖静文读高三，必须要从长沙来安化蓝田，廖学茂便让在蓝田的张筑音照顾自己的妹妹，使得廖静文和张筑音更是无话不说。周末时，张筑音便让廖静文和自己睡在一起，彼此说说自己的心里话。此时初秋的蓝田，绿树荫浓、柔云缭绕，着实让人有些疑惑。低吟浅唱，岁月的芬芳。踏着轻轻的脚步，走在春天的田野上，沐浴在阳光下。东瞧瞧，西望望，看到天边燃烧的晚霞，听一曲悠扬的清笛，好不惬意。南方偏僻的小角落，成了两个美丽女子的闺房。

　　没了学业任务的制约和捆绑，张筑音觉得从未有的轻松和自由，学校图书馆的字字句句，牵扯着她日思夜想的世界，任凭时光在指尖滑落,她只想着书中率性而生的影,浪迹天涯。对于一个喜欢和文字说话的女子来说,风景由心而起,色彩由情而染。虽然时至初秋,没有杨花铺路的灵秀和秾李夭桃的艳媚,没有绚丽的杜鹃陪伴,没有蜂翻蝶舞的画面,但并不影响湘女飘逸的思绪。再看不到莺莺燕燕在云中穿梭,听不到帘外悦耳的啼啭,张筑音依旧怀着透明的情怀在繁忙的知了和萤火虫之间留恋。

在蓝田的日子,两所学校的图书馆成了陪伴张筑音最好的伙伴,也是她生活的重点。

一本《资治通鉴》就是一种诱惑,让她深深地眷恋。那千百年来的烽烟,宛如一部部话剧,在脑海随时间而翻滚。她震惊,原来书本里有那么多载入史册的真实故事,看到他们的人生点滴,张筑音越看越想知道,越想知道越想看。从未有的强烈求知欲促使她成为简陋图书馆的固定住户,让她体会到人生初见的妙曼和惊艳,陌上斑斓。

周南女子学校前有一池碧绿的荷,到了夏天,粉红娇嫩的花,微风过处,妙不可言。

这个夏天,张筑音独自住在学校,常常在池塘前漫步。时而凝视,时而伫立,花的娇美在浓绿中留下一抹抹嫣红,回暖了一城的孤寂。书海里的盛世年华,一点一点,缠绕在枕边,洗涤心灵的尘埃,也温暖了她的岁月。一个一个深沉的夜,一本一本厚重的书,装点了平淡的日子,给张筑音的梦增添了几分温暖。

一个人的日子,总是有一个人日子的清淡和沉静。张筑音喜欢这种心境,也喜欢这样的状态,她更喜欢有书香的地方。如若说真有天堂,她想,那应该和图书馆差不多吧。独自在安化蓝田湖畔漫步,带着几分不在意,目光时不时停留在还泛着浓浓绿意的柳枝上,微风轻拂,柳条柔美的飘动,恰似她长长的青丝,在绚丽的阳光中,显得有几分的温婉。或许,她已经深深地恋上了风轻云淡的蓝田特有的宁静。而此时她觉得自己对文字的把握能力和内心对孤独的抗压能力越来越强。

她一时沉醉,忘了回家。远在新化的家人有些着急,该回家的人未归,派大哥张光钱来看她。大哥的出现,给她带来了一个好消息。

国民政府教育部决定创建一所独立的国立师范学院，已经组成了国立师范学院筹备委员会，选址就在这里，意味着蓝田镇将有一所新的大学（国立师范学院）诞生。此消息是张光钱好友曾毅夫透露的。即湖南教育厅督导所言，必不假。更让人振奋的是听说这所大学的校长可能是大名鼎鼎的廖世承先生，而且江苏无锡钱基博先生也会应邀前来蓝田。

听到这样的事情，张筑音觉得踏实。她这份来自心底的踏实潜在注定了她一生的绚丽传奇必将和这所大学里的人分不开。而她却让很多文人墨客对于湖南，更是深深深地眷恋。

当然，她不知道，从一九三八年她所在的周南女子学校迁来开始，陆续迁来长郡中学、明德中学、省立一中、湖南一师等学校，平静而古老的蓝田成为了文化聚集之地。

十月十九日上午，大哥张光钱和曾毅夫相约去国立师范学院看看，因今日学校图书管理员休假，张筑音只能待在宿舍。哥哥来约她也出去走走。带着几分好奇和倾慕的心情，张筑音跟着去了。

刚走到在蓝田光明山的李园大门门边，看见一个高大魁梧的年轻人急匆匆走出来，大哥笑着连忙走上去，她没想到，原来负责湖南教育厅事务的曾校长居然这般年轻。而曾毅夫看见她却拍着张光钱的肩膀说，真没想到你这大大咧咧的人还有这么一个漂亮的妹妹。他们边说边踏进了李园。

曾毅夫说他们十月十日才接受李园房屋进行修整和油漆，并在光明山上开始建教室和其他设施。

张筑音听人说过李园，是当地远近有名的豪宅，一座巨大的古宅，风景优美，安静偏僻。只是一直未曾进去。今日听曾毅夫说才知道原来"李园"庄主李云龙先生热心教育，愿意将"李园"百间房屋和百亩地腾出办学，这是国立师范学院建到这里的主要原因。

第一次走进传说中的李园，张筑音惊呆了。

推开朱红色的李园大门，迈进园林，映入眼帘的是碧绿的竹子，芬芳绚丽的园圃。

一条宽阔的青石小路蜿蜒向前，一座清新婉约的花池，假山流水。大路两边是高大的树木，浓密的枝叶向四面展开，好似撑开的绿伞，让人在树下行走感觉清爽舒畅。顺着大路往前，是一排排古色古香的房屋，收拾得很整洁。长方形木质窗上，雕刻精致的花纹。每间房子前的长廊里都有暗红色的圆形柱子，虽然漆油已出现腐蚀，但错落有致。安静的院落境象空濛幽丽，更像是远离俗世的江南花园。

　　穿过庭院，迈上石阶，再进数步，渐向北边，是百竿翠竹。丝丝缕缕的阳光透过竹叶，如同细雨般洒落在竹林里，映出叶片翩然的舞姿。透过竹林的缝隙，可以看见深处有玲珑精致的小亭对称地围绕。沿着清秀玲珑的石板桥，清幽秀丽的竹林里有一个人工湖，在低矮的柳树之间，湖上有砖砌桥和油漆栏杆的小木桥。风一吹，湖面荡漾着轻柔的涟漪，让人心神荡漾。后面是一座山，绿树成荫，自然建筑依山而立，垣墙粉白，松柏青翠，简练雅致，相映成趣。

　　好一个雅致的院落，张筑音沉醉在李园的幽静和古朴中。那不是一座庄园啊，那是一座美艳的城市。由于学校是借租在李园，所以这里环境比周南女子学校稍微好一些，且不说树木花草，就单看宅院，就比周南规模大得多。

　　院子南边一长排平房门开和窗都打开着，有三四个人正在打扫卫生。门前堆放着很多木质架子，听说这就是准备做学校教室用的。平房后不远处，还有一些低矮的房子，是土墙做的。曾毅夫说，廖校长准备把这里做教师宿舍。教室前宽敞的空地做学校操场，足够大的空间可以让学生课余在这里活动。

　　张筑音走过草地，来到一间教室前，教室里已经打扫得干干净净，工人们正忙着搬放课桌椅。一张讲台，一个新刷油漆的黑板，宽敞的教室内，阳光透过窗子射进来，整个教室照得通亮。看着一张张没有油漆的课桌，散发出清新的味道。张筑音忍不住长叹。如若她也可以在这样的学校读书写字，那该多好啊。

　　每天清晨，推开窗户，看白雾笼罩整个校园，美丽的蝴蝶在校园里翩翩起舞，听鸟儿清脆的啼鸣，周围是那么宁静。吃过早餐和同学们一起走到教室里听老师上课，课余一起在翠绿欲滴的树下说笑，琅琅的读书声在院子上空回荡，黄昏时漫步在静静的校园，看夕阳映红了教室的窗，分外的亮丽……那应该是多么温馨而美丽的画面啊！

从李园回来，张筑音满脑袋想的是那里的一草一木，还有那长排教室。夜晚，她有事没事就去李园转转，哪怕只是在李园门外看看，她都觉得是一种幸福。国立师范学院在她的注视下，一天天地建起，一天天地变样。她看着一个空荡的大宅子慢慢地成为高等学院，一个个意气风发的年轻学生从远处而来，成为这里的一员。教室里传出老师铿锵有力的话语，校园里热闹了起来。

【08】金风玉露一相逢——和袁哲相恋

看着自己的高中同学一个个都参加考试，可她因参加抗日活动错过了时间，没有机会报考大学，也就成了她的一个遗憾。如今一所大学就在自己眼前逐渐强大，让张筑音想去读书的心蠢蠢欲动。每天看着国立师范学院人来人往，她心中痒痒的。多希望自己也能有机会成为这里面的一名学生，接受新的知识。这个秋季，张筑音不再到处闲逛，而且直接去李园。为了让自己能在李园多待些日子，她挽留了大哥，在这里多住些日子。好在大哥张光钱在这里也正有事要和曾毅夫商谈，所以曾毅夫也留她大哥在这里住。这种种原因使得张筑音每天也就有足够的理由去李园，顺便跟着曾毅夫在学校教室各处看看。

由于周南女子学校只有女生宿舍，故此他大哥就住在曾毅夫那里，和张筑音的宿舍相隔不远。十月二十二日，清晨，张筑音早早起床，就去哥哥住处，和哥哥在曾毅夫的食堂吃过早餐，绕过李园的花坛，漫步走过后院。

张筑音在后院门后停顿了一下，四处打量一番。后院里是由一排排平房组成的一个长方形，平房整齐干净，设计统一，房与房之间，有一个木柱，这样一排房子的走廊就由一排个大木柱组成，每个拐角处都有一个圆形的绿色盆景，和后院门边的两个盆景一样。整个后院呈几何形状，让人感觉安静、雅致。曾毅夫带着她大哥边说边向前走，不经意扭头，发现张筑音还在后院门口，便转身走过去，看了看里面，问道："怎么，你想进去看看？"

张筑音笑了笑，摇了摇头。张光钱走来，也歪着头看了看里面，自言自语地说："这里面好像很不错，适合住人。"

曾毅夫拍了拍他的肩膀，笑着说："这本来就是住人的。"

"现在是什么人住在里面？"张筑音好奇地问。

"老师啊。"

"这么多房子，都是老师住的？"

曾毅夫指着花园不远处的一排房子说："刚搬来的老师都住在金盆园，还有一些老师没来，如到位了，房子还少了。"

张筑音悄悄地数了一下，一横排是十二间，每间房子格式都差不多，没什么区别。估计唯一区别就是门牌号码。在后院最末端，是两间稍微小一点的房子，看起来好像是临时搭建的。张光钱看了看说："这里还真不错，还搭建有工人房。"

"哪里有什么工人房？"曾毅夫到处张望，反问道。

张光钱伸出手指着末端说："你看，那不是？"

曾毅夫顺着他的手指望去，然后轻描淡写地说："这哪是什么工人房啊，是代替国民党中央宣传部副部长潘公展来建校的浙江才子袁哲和廖校长两人的房子。"

对于浙江，张筑音只是听说浙江多俊才，没见过。对于袁哲，张筑音听都没听过。对此，她也没什么兴趣。不过，既然人家是上面派来专门筹建大学的，应该也是个不错的人。没想到此人居然和廖校长住这样低矮的房子。带着一份惊讶，张筑音跟随他们边走边说着这几个人刚走到金盆园附近，

廖世承

就遇见了前来找曾毅夫商讨学校相关事宜的袁哲和廖世承。

看见他们，曾毅夫笑着说："哎呀，你们两人有千里耳？"

"难不成你在说我们的坏话？"廖校长笑着摆摆手，向他们走来。

"哪能啊，只是我们刚说到你们，你们就来了。"听到这话，张筑音偷偷笑了。说曹操，曹操到，真巧！正在她觉得很有意思的时候，还没仔细看对方，倒是袁哲看见了跟在张光钱后面的张筑音，微笑瞬间凝滞，凝神痴望。

张筑音一身轻软飘逸的蓝色衣衫，长长的青丝用淡黄色的丝巾束着。窈窕修长的身姿，温柔妩媚的眉眼，不施粉黛而颜色如朝霞映雪，形神俱美。不仅养眼，还醉心。如此女子，灿如春华，皎如秋月，恰似从书中而来。看着这位眉宇间洋溢浓浓书香韵味的妙龄女子，袁哲愣住了。张筑音第一次被年轻男子如此热烈地注视，她羞红了脸，不由低下了头。

"喂喂喂，你看什么呢？"曾毅夫看见了袁哲的失态，忍不住拉了拉他的衣袖，带着玩笑的韵味大声说着。

这一说反倒引起了其他人的注意，都把目光转向袁哲。袁哲的脸刷的一下红到了耳根，在众人面前露出了窘迫。

大伙你望望我，我望望你。看了看低着头不说话的张筑音，曾毅夫恍然大悟，笑了。然后使劲地拍了拍袁哲的后背说："小心，你的小心思跑出来了哟。"说完，拉着袁哲和张光钱向后院走去。

袁哲知道，曾毅夫知道了自己刚才的惊艳神情，为了缓和气氛，他笑着扶了扶眼镜，扬起头，和他们笑着说着走。不得不说，看惯了清一色短发深蓝校服的女生，第一次看见穿着颜色如此鲜嫩的女子，也难怪袁哲眼前一亮。一贯理智的他感觉不到时间，恍惚间忘却了人世、李园的风景，黯然失神。只是听到自己的心，怦怦怦加速跳动，前所未有的剧烈震撼在堆积。不过，那时他忘了时间，也忘了周围的人说些什么。

张筑音跟随他们，偷偷仔细审视眼前的浙江才子：一套白色西服，灰色条纹领带，一副金边眼镜。身材修长，偏瘦。方脸，大眼，高鼻，不拘言笑。面容清秀，文质彬彬。这样的年轻人，似乎和自己心目中的才子更贴近。看见他如此一个聪慧之人，居然也会傻乎乎，想到这，张筑音忍不住偷笑。

走在前面的袁哲时不时用眼角偷偷注视着这个美丽的姑娘。毕竟大凡爱看书的人气质都不会差，更何况原本就秀美的张筑音，与人群中更显得脱俗尔雅，袁哲是打心眼里喜欢这样的女子。

喜欢归喜欢，要是能长期交往才好。当天夜晚，袁哲吃过晚饭，就去曾毅夫的住处，想聊聊。正好，张光钱也在，可以和他闲聊时，打听一下张筑音的事情。通过和张光钱的交谈，袁哲知道了张筑音的家境和个人情况，一夜下来，袁哲兴高采烈地回到宿舍，笑着睡去。

这个刚从学校走出的女子，正如花似玉，心底纯真，处于最美的季节。可张筑音对他是一无所知。为了让张筑音对他了解，袁哲准备邀请曾毅夫吃饭。

一天下午五点多，袁哲匆匆地走进曾毅夫的住处，对曾毅夫说晚上请他和他的朋友张光钱一起吃饭。曾毅夫疑惑地问："你咋突然想到请他吃饭？"

"怎么，难道你的朋友我就不能认识？"

"不是，只是好奇。你这个人好像不轻易和人靠近。"

"人也有变化的时候。"

"那肯定是有原因。快快实话实说。"

"呵呵，现在还不能说。"

"哦，你还保密啊？"

"不是不说，是时候未到。"

这让曾毅夫莫名其妙，不过也很高兴，有人请吃饭。

袁哲没想到，这一次张筑音居然没跟着她哥哥来。有点失落。连续几天，袁哲和曾毅夫、张光钱一起吃饭聊天，都没有见到张筑音。以至于过了几天，袁哲忍不住在曾毅夫面前露出几分羞涩，含蓄地委托他牵线搭桥做红娘。

当他把自己的这些小秘密告诉好友曾毅夫时，曾毅夫一个劲儿地笑他。

"她成了你生活的精神支柱了，你恋爱了，傻瓜。"

"啊？不会吧？我这就恋爱了？"听到曾毅夫的分析，袁哲吓了一跳。

曾毅夫带着藐视的眼神盯着他说："难道恋爱还要谁提前告诉你？"

听了曾毅夫的话，袁哲慌了："那我该咋办？"

"告诉她呗！"

"告诉她的目的是让她知道我这样，好笑话我？"

"告诉她，你喜欢她。真是个书呆子。"

可是，袁哲还是不敢贸然向人家表示什么，毕竟人家对自己还是一无所知。如何让张筑音熟悉自己并了解自己个人情况是他的一个难题。总不能毛遂自荐、自卖自夸吧。他思前想后，觉得还需要请他人帮忙，而且这个人最好还是曾毅夫。为了让曾毅夫答应，袁哲特意托人买了一盒安化黑茶作为礼物，使得爱喝茶的曾毅夫不得不答应。

十月二十五日上午六时，张光钱收拾好行李，准备离开蓝田去长沙。两人走到周南女子中学不远处，停了下来。曾毅夫趁张筑音还没来，拉着张光钱小声地说："你觉得袁哲这个人如何？"

"什么如何？"张光钱感觉莫名其妙。

曾毅夫听他这么一问，也不知道如何说起。只好硬着头皮实话实说。这让张光钱很是吃惊，他说："我们都不了解这个人，怎么就可以和他交往？"

"不急，你先听我说"。曾毅夫连忙把袁哲的事情详细地告诉了张光钱。张光钱这才知道，原来袁哲也是出身贫寒之家。袁哲，原名袁明恭，字公为，一九〇六年正月初五生于浙江诸暨双桥村一农民家庭，此地山清水秀，离著名的绍兴兰亭只几十里。袁哲这一代共兄弟三人，他排名第二。兄袁明良，弟袁明让，取温良恭俭让之意。老大老三俱农，母亲独培养少小聪颖过人的袁哲。袁哲在家乡完小毕业后被送至杭州商业学校商科学习，毕业后又进入上海劳动大学教育系，他的生活经历和学识决定了他的生活圈子和人际关系。一九三五年，作为中国早期研究国语教学法的学者之一的袁哲在日本早稻田大学攻读教育学理论，一九三六年四月袁哲在日本早稻田大学研究院写了《国语读法教学原论》一书，作为商务印书馆"师范丛书"之一在一九三六年十月正式出版发行之。一九三七年，袁哲写的《抗战与教育》在商务印书馆出版，从此，他在教育教学上有了一定的成绩，在教育界脱颖而出。回国后在国立劳动大学任教，可惜，后来国立劳动大学被蒋介石下命停办。抗战初期，应国民革命军三十一集团军政治委员会主任徐逸樵少将召赴河南抗日前线，任司令部秘书、政治教官，负责收集日本军事情报、对日宣传反战工作和俘虏工作。袁哲因其精通日语，受徐氏重视。

一九三八年夏，蒋介石任命陈立夫为"教育部部长"后，陈立夫开始推举教育举措，任章益为国民政府教育部总务司司长、中等教育司司长，大力推行创办学校。为了促进教育的统一和发展，陈立夫亲自拟定了《战时各级教育实施方针纲要》，修改了大学的科目表，兴办中国的大学，并主张在大学里创造训育教育学。湖南也不例外，需要创建一所独立的国立师范学院。陈立夫决定由上海光华大学副校长廖世承、教育部高等教育司司长吴俊升、中国国民党中央党部宣传部副部长潘公展、湖南省教育厅厅长朱经农和国立西北联合大学教授汪德耀组成国立师范学院筹备委员会，廖世承为主任进行实际操作。

而当时正在光华大学的廖校长听说是创建大学，二话不说，立马启程。经过几次实际考察，选择了建在湖南安化蓝田。办学校，需要懂教育的专业人才做理论基础，而当时中国国民党中央党部宣传部副部长潘公展因事务缠身不能就任，就推荐了他在 1929 年国立劳动大学演讲时认识的浙江老乡袁哲，毕业于早稻田大学教育系的青年才子。当时上海国立劳动大学社科系中留学日本的教授只有两人，其中一个就是刚刚回国的袁哲。对于潘公展的提议，陈立夫和章益都很满意。毕竟陈立夫、潘公展、袁哲都是浙江老乡，而章益和袁哲又是教育学专业出身，是教育界难得的专业人才，所以，这几个人私底下都认识，颇为熟悉。就这样，三十一岁的袁哲辞别了陆军第三十一集团军总司令部秘书职务，带着两个孩子来到了湖南安化蓝田。

听曾毅夫的介绍，张光钱对袁哲只是了解了一个大致情况，对于他个人，张光钱觉得一无所知。所以，对于这根红线，他迟疑。不过，因为时间关系，他现在要离开这里，所以，在离开的时候，张光钱把这一事情告知张筑音时，她除了惊讶还是惊讶。

一所大学的变迁，常常会影响很多人的一生。只不过，这个影响力被人为地掩盖和淡化。它的荣辱，也成为一些人难以忘却的记忆。生活有时候很有趣味，让张筑音感觉迷茫时，又会悄然地打开她人生当中另一扇窗，春暖花开，让她惊喜之余是惶恐，没有给曾毅夫回复。

三天之后，袁哲自己跑到张筑音面前，认真地告诉张筑音，自己只是希望能常常和她有事没事都说说话，带着她到图书馆里坐坐，看看书，没有强逼她接受自己的意思。看见一脸窘迫的袁哲，张筑音的惶恐全无，反倒觉得袁哲憨厚可爱，嘴角荡起了一丝微笑。这让原本就有点紧张的袁哲豁然开朗，一下子轻松了许多。两人在湖边漫步、闲聊，直到月儿挂在树梢。

自从曾毅夫做牵引，张筑音开始慢慢地和袁哲交往。初恋的味道很甜，初恋的天，也很蓝。蓝田的一花一草，都在阳光下淡淡地散发着清香，在脑海里慢慢地飘散，让人魂牵梦绕。那清清流淌的河水，那绵延起伏的山，似乎都在心底最柔软处悄然生息。那时的青春，那时的记忆，让寂寥和单调多了一份诗意，韵味绵长，随风萦绕。

这是不是就是传说中的爱情，谁也不知道。袁哲只是喜欢和她在一起，看着她就踏实。毕竟爱情是什么，谁能解答？

或许，谁也不知道爱情是什么，又是什么样。但自从看见张筑音，袁哲开始相信缘分，相信她就是自己命中的女人。自从和袁哲认识，张筑音在蓝田多了一个朋友。而这一次的无意相见，她却不知道自己悄然成了袁哲的主角，让他左思右想都难以放下。张筑音三个字，简单又赋有诗意，让袁哲久久念之，意味尽犹未尽，咀之无穷。一襟幽事，砌虫能说。春风十里，不如有她。

一个月之后，盘绕在浙江才子袁哲心中的疑惑。自从相见，筑音窈窕的声音宛如一首动听的曲，迷离恍惚之中，定格在他的梦里，亦幻亦真。遇见居然是如此的突然，爱恋又是如此的强烈，让他转辗难眠，第一次感觉寂寞惆怅。或许，对于同为江南的才子们而言，湘女的柔媚和多情或许就是一种致命的诱惑。

生活有时真的很有意思，常常过于绚丽，让人有点眩晕，感觉太过意外。楚韵袅袅的湖南，不仅赐予潇湘女子美丽的外表，还让她拥有让人羡慕的才情。爱，由此而产生，想念，也由此开始变成一些浪漫的诗行。念之深，想之苦，离愁分量笔笔入骨。让袁哲写下了不少火辣的文字，相思离情描绘得极为深挚而酣畅。穿越了俗世的沧桑，瞬间到达彼岸。

一九三八年的秋，天气炎热，窗外村头河畔里的荷花也有点疲倦，耷拉着脑袋，在滚烫的荷叶里发呆。想到同学们一个个都还在大学读书，自己却已经进入婚恋状态，让张筑音感觉不安。为此，她开始想让自己静静，好好想想。不知道是因为害羞，还是为了避嫌，张筑音有段时间故意没去学校。几天没看见她曼妙的身影了，没听到她温柔的声音了，这样的日子，让袁哲觉得空空的，好似有什么事情没做一样。她不来，他只能静静地等着，傻傻地守着。苦苦的想念慢慢地堆积，一层又一层，腐蚀着他内心，温暖着他还没倾诉的爱慕。

在张筑音不来的日子，袁哲每天都会在小桥边徘徊，默默守望，静静等待。同时他也在问自己，让自己好好想想。毕竟，自己的前妻刚病逝，自己身边还有两个孩子，人家还是一个美貌如花的未婚女子。

或许，爱，就是一种来自心灵和视觉上的冲撞，是一种自我感觉。袁哲自我解释着，也自我解脱着。可是袁哲还是不知道，工作再忙，而脑海里为什么总是会浮现一个人。

随着时间的流失，慢慢的，袁哲越来越清楚自己，如若一天看不到那个美丽的女孩，他总是感觉有点失落，做什么似乎都少了一点热度，提不起精神。他开始不喜欢一个人待在房间里看书了；不喜欢夜晚的宁静了，越静越能让他听到自己的心声。只要能看到她，或者听她说一句话，他都觉得踏实和快乐。

他提笔给张筑音写了一封厚厚的书信，为了避免让张筑音尴尬，他委托曾毅夫给张筑音。张筑音原本是拒绝收下，但是曾毅夫说，不管她是什么态度，都接下看看才好。听了曾毅夫的建议，张筑音拿起了书信，在一个安静的夜晚，认真地阅读。袁哲在信上说，知道自己和她之间不仅仅有年龄的距离，还有家庭的差异。虽然他不会甜言蜜语，但是他会用自己的生命来证明自己对她的情感。字里行间写满了真诚的话语，袒露了袁哲的心声。张筑音感动了。那一夜，也失眠了。

第二天中午，她依旧穿着天蓝色的衣裙去李园图书馆，当她踏进李园的门时，看见一身灰白色西服的袁哲正在门前的大树下张望。看见她，袁哲的脸上笑了。她佯装没看见，只是默默地从他身边经过。而他，什么也没说，只是笑着跟在她身后。就这样，两人如往昔，在图书馆里坐着，看着书。直到天色灰暗，张筑音才出来。袁哲跟在身后，等她走出大门，才鼓足勇气叫住她，说想请她吃饺子。张筑音笑了笑，没说话，两人并肩去附近吃饺子了。

通过近距离的接触，张筑音发现袁哲这个人还不错，不仅人长得帅，而且还很有才，会三国语言。更重要的是他话不多，人也实在，靠得住。于是，张筑音把自己的看法写信告诉了张光钱，张光钱回信说，只要她觉得好就好，过日子是她自己的事情。虽然张筑音这面和哥哥说，答应和袁哲交往，但是还未曾提及感情的话题，使得袁哲不知如何和张筑音说起。他找和张家有联系的分管出版的曾毅夫帮忙，确定两个人的关系。袁哲很是兴奋，连夜给远在重庆的潘公展写信，提及此事。潘公展得知袁哲有了心仪的女子，很是高兴，一纸书信，开玩笑地说："调你去湖南顶我的位置办学，你倒在蓝田找到了另一半。"

为了表达自己的谢意，袁哲回信说，"潘公您见证了我的婚姻，婚礼就在重庆，请潘公证婚如何？"

潘公展高兴地答应了，并根据彼此的工作日程安排，定于初夏。这样大家都有时间，也能到场凑个热闹。

接到潘公展的书信，袁哲高兴极了。连忙让曾毅夫对张筑音的大哥张光钱提亲，希望订下婚约。可消息传到张筑音的耳朵时，她除了惊讶，就是害怕。这才多久，就提及婚事。让刚刚还对好友说要把国立师范学校里的图书给看个遍的张筑音有些措手不及。难道传说中的爱情就来了？为什么没有一点征兆？带着疑惑和惶恐，张筑音和廖静文在湖边发呆。因为熟悉，所以靠近。因为懂得，所以成为知己。在张筑音心里，廖家姐妹是最好的朋友，最铁的闺蜜。所以，也无需有什么隐藏。

得知张筑音在和国立师范学校的教授交往，廖静文除了好奇还是好奇，总是想看看是什么样子的才子让校花动心了。对于袁哲，廖静文只是听说这个浙江才子早年留学早稻田大学，二十八岁担任国立劳动大学教育系教授，一九三八年为国立师范学院五人筹委会成员，但没有见过。经不住廖静文的再三盘问，张筑音就带廖静文去了国立师范学校。两人有说有笑地刚走过小木桥，就看见袁哲迎面走来。

看着张筑音突然羞红了脸，廖静文抬头一看：桥对面一个瘦高个男子，面容清秀俊朗，皮肤白皙，高高的鼻梁，深邃的眼睛上戴着一副眼镜，穿着一件深蓝色长袍，眉宇间散发着浓浓的儒雅气息。

廖静文看了看袁哲，看了看张筑音，笑了。回来之后她说："你知道什么是才子佳人吗？你们就是——绝配呢。"

张筑音由于一直担忧自己能否带好袁哲前妻的两个孩子，所以还在忧虑摇摆。廖静文知道后说："爱一个人，就会爱上他的所有，包括他的孩子和他的家人。你既然喜欢他，你还怕自己有什么做不好的？"

有了闺蜜的支持和鼓励，张筑音越发的踏实，接受了袁哲的婚约。

十一月十三日，张筑音第一次到袁哲的宿舍，给她开门的是一个六七岁的男孩子，圆圆的脸，大大的眼睛，很是可爱。他仰着小脑袋看了看张筑音，问道："您找谁啊？"

看着这圆头圆脸的小孩子，张筑音很是喜欢，蹲下笑着对他说："你猜猜呢？"

"你是我爸爸的学生吗？"

"那么你是谁呢？"

"我是我爸爸的儿子。"

小家伙的回答让张筑音忍俊不禁，大笑起来。小男孩睁着大眼睛看着她，等她安静下来说："我说的都是真的。"

张筑音点点头，认真地说："我知道。"

张筑音听袁哲说过，他曾经有过一次婚姻，但夫人病逝，留下他带着一儿一女生活。女儿（袁道正，后改名袁善如）十三岁，在周南女中读初二，儿子（袁道先）七岁，在刚刚建立的国师附小读小学。虽然周南女中当时也在蓝田，但离国立师范学校有段距离，为了减少来去的辛苦，就让女儿在学校住宿，儿子跟着他。

她没想到小家伙这么可爱，瞬间喜欢上了他。并和他在家门前玩起游戏，直到袁哲回来。

看着他们有说有笑，袁哲是打心里高兴。利用送张筑音回家的时候，轻轻地说道："谢谢你，真没想到你和这孩子这么投缘。"

"谢什么，可爱的孩子人人都爱。"张筑音调皮地回答。

"你喜欢他最好了……"袁哲后面的话没说，但是张筑音明白他的意思，装作不懂，接着转移话题，没理会他这话。在她心里，喜欢归喜欢，张筑音还没想过真的嫁给袁哲，做这个小孩子的妈妈。

送张筑音漫步到宿舍，袁哲一路感觉压抑，不知道该怎么做才好。回到家里，给孩子洗澡之后，他也就和衣睡了。人好像一下子没了主心骨，做什么都提不起劲。原打算第二天再和张筑音打开天窗说亮话，结果第二天一早就被叫去开会，会议散之后，他又必须赶到长沙，去接洽那里的政府通知，关于学校设备问题的经费预算。正逢日军到处轰炸，路途很不安全，还不知道要去多久，只好让儿子跟着附小的老师住几天。

时间紧，路途远。他来不及告诉张筑音。

而张筑音进出李园的时间长了，大家也都认识了她。她每天也成了图书馆里的常客了。和往常一样，张筑音去图书馆看书，但是一连几天都没看见袁哲，不免有些奇怪。难道他是故意躲着自己？这样的疑惑在张筑音脑海里闪过。很快，被她故意忽视，当没有的事。依然我行我素去图书馆看书，偶尔看见好的文章或者是语段，抄写在自己的本子上。夜深人静的时候，他还是会从她心底走来，一路洒满阳光。

他有什么好，她不知道。他有什么不好，她也不知道。脑海里，只是会想起他的一些细节和片段。如若没有遇见，此时的她也不知道会想起谁。好不容易熬过了几天之后的黄昏，她终于看见了袁哲。鲜衣怒马，飘过窗下。黄昏中，他看见了那个让他朝思暮想放不下的她。暗香盈袖，与世间诗意飞扬。柳荫下，她看见了那个让她日夜牵挂的他。吹去一身浮躁的尘埃，孑然而立。

这一次的分别，让他们隐隐期许和不知所措，从而知道，彼此的重要。黄昏时的云影帮助他们掩盖相见时眼中的那份羞涩和淡淡欢喜，各自能看见的，是嘴角扬起淡淡的笑，少许的温情在心中悄悄生起微微的暖，各自懂得，那是秘密。

最想去的地方，不是你的眉间，而是你的心头。

这是袁哲回到蓝田对张筑音说的第一句话。这话让张筑音失眠了几夜。爱情的突然来袭，让她有点惶恐和紧张，这个美丽的湖南女子娇羞万分，也使得她体会到了爱的甜蜜。相爱是种感觉，是种带有美好情怀的情愫。在清浅的时光里浸染了唯美的相思，装饰了张筑音的梦。而张筑音明媚的笑容，成为袁哲人生途中最美的点缀，与袁哲的眼中，它足以踩碎了过往，洗白了岁月的沧桑，一遍一遍填满他的寂寞。心底悠悠流淌的，不仅仅是流年，还有最直白的陪伴，最深情的凝望。

十一月十九日上午，张筑音准备去蓝田其他学校看看，刚走到蓝田镇的集市口，就看见迎面来了两个青年人，似曾相识，只是想不起在哪里见过。她寻思时，那两个年轻男子已经走到她面前，看见她，笑着向她点点头。她也出于礼貌，笑了点点头做回应。等擦肩而过时，使劲地在想这是谁。等她在蓝田其他学校逛了一圈回来，镇上吃了点东西，回到周南女中宿舍，睡了一下醒来，就听见敲门声。打开房门，一脸灿烂的袁哲正望着她。她疑惑，问道是什么事让他这样。袁哲一笑，说："你上午去集市了？"

"你咋知道的？"

"我有千里眼。"

"你的眼镜不是望远镜。"

一番对话下来，袁哲只好从实招来，原来自从张筑音和袁哲开始接触，国立师范学校的教职工都知晓了。看见张筑音，就会告诉袁哲在哪里碰到，使得张筑音的行踪是公开的秘密。听了这话，张筑音这才想起来，上午遇到的年轻人是学校老师。

【09】 诗词里的恋爱——廖世承的幽默

在李园的这些日子，对于袁哲而言是一种享受。特别是夜幕降临时，独自斜倚着办公椅，望着窗外光明山，蒙蒙的青色烟雨，看飞鸟越过静静的湖面，天边晚霞温柔的铺满天空，思绪不由自主地开始漫天飞舞。工作之余，袁哲喜欢在校园外到处走走，漫步在乡间田野，触摸泥土的芬芳，感受大自然的味道，顿时洗涤世俗尘埃，让人心旷神怡。

十一月五日，袁哲从办公室走来出来，到处散散。和张筑音确定下来恋爱关系，袁哲特别的高兴。自从有了张筑音的照顾，袁哲也长胖了，工作上也办事顺利，国立师范学院也逐渐完善，强大。踏在升平河木桥上望去，不远处，湖边飘动的柳絮，在宁静的黄昏里，多了一份妩媚。这里的气温和老家的还是差不多。南方的四季，离不开缠绵飘逸的雨丝，时而飘过窗棂，时而溅落衣襟。远处，山影如黛，云烟袅绕，清风徐徐，送来山那边花草的清香。乡间小路，铺满野花的衣裙。燕雀低飞，黄鹂轻啼。蜂蝶翩翩，藏于花枝下嬉戏。

袁哲闭着眼睛，深深地吸一口气，伸出双臂挥动了几下，望望远方，久久凝望着柔长的枝条，脑海里不知不觉就浮现出一个曼妙的身影。想起她不施粉黛而颜色如朝霞映雪的鹅蛋脸，一双多情的眼。

如若她在，会不会站在风中，仰着头，伸出双手，闭着眼，然后笑着说："风，让我抱抱你？"

或许她会。任凭风，从远处扑来。掀动她的罗裙，衣袂飘飘。此时她会叫着："你看，你看，我抱着风了。"当然，他也会开怀大笑，说着："哈哈哈哈，你也在风的怀里了。"

嗯，这样多好。

风穿过我的指尖，撞进我的怀里。我也穿过风的头发，躲在风的怀里。分不清谁在谁的怀里，谁不在谁的手心，来来去去，却都在一起。

……

如若她在，那该有多好。定会这般重复做着相同的动作，说着相同的话语。

当风偷偷溜走，他会拉着她一起静静地坐在斜阳里，默默地看着天边那渐行渐远的淡光云影，聆听夜幕的心声。如若她是雨中飘逸的云，在繁华的人间穿行。或许他是院中静默的风，搁在空中低吟。

想着，想着，袁哲嘴角扬起了一丝暖暖的笑，从心底溢出。不由得提笔在桌上的白纸上写了：烟横山腹黄昏雨，叶落霞翻夜倚栏。一枕东风空怨恨，半壶月色满清欢。

这张写满他柔情的纸，他顺手搁在了书桌上。第二天清晨，张筑音来给他归还借阅的书籍，正当准备转身离去时，眼角扫到了桌上写有几行字的纸。字体苍劲有力，飘逸洒脱，很是漂亮。再看看内容，她不由停下来了。轻轻读，慢慢品，很是喜欢。袁哲看见了，不好意思地笑着解释："这是昨夜自己胡乱写的，不成看。"

张筑音抬头笑着说："写得真不错。构思超脱空灵，行笔自然流畅，具有浓浓的浪漫情调。"

听张筑音这么一说，袁哲张大眼睛连连说道："哎呀，你品诗词还蛮有力度的啊，你这么一说，我可高兴了啊。"

张筑音没理会，只是低着头，沉思了一下。拿起桌上的笔在后面写下了四句：琴书换日诗边就，笔墨生香曲里安。万斛柔肠棠影下，相思半缕最无端。

袁哲走过来，看着她写，他念。一张纸，两个人的字，连成了一首词，让袁哲很是惊喜，真没想到张筑音信手拈来的四句言情婉丽，空灵雅致，不仅巧妙地和自己的四句衔接一体，而且还成了一首极富层次感的词。以前只是听说她文学功底深厚。今日亲眼所见，更加欢喜。

正在他要夸奖张筑音时，一身灰色长褂的廖世承从外面走进来，打算找袁哲商讨出版教学书籍事宜。看见他们正低头看着一张纸，廖世承满面笑容，连忙说："哎呀，公为兄，对不起啊，我不知道你有美女客人到访。"

说得张筑音不好意思，只能羞红了脸，低着头，咬着嘴唇。

"没事，没事，我给你们介绍下。"

袁哲倒是很大方，把纸放在桌上，笑着走到廖世承面前，拉着他进来。听说是廖校长，张筑音的脸越发的红了，不知道说什么好。廖世承笑着说："早就听说我们学校的袁主任认识了一大美女，今日一见，果不其然啊。"说完顺手把袁哲放在桌上的那张纸拿起来看了又看。抬起头望着袁哲问："这前面四句是你的字体，后面四句是谁写的？"

听袁哲说过，在国立师范学校里只有廖院长和他学的是教育学科。不过，自从袁哲认识，今天还是第一次和廖世承院长面对面，以前看见的都是匆匆擦肩而过的一抹剪影。

等廖校长走进来，张筑音这才发现，他个子瘦高，面容清瘦，细眉小眼，戴副金丝眼镜，一件皱巴巴的蓝布长衫，没有一点留洋回来的派头，而眉眼间却散发出浓浓的儒雅气质，特别是他洁净白皙的脸，让人感觉到贵气袭人。

看见整天忙碌的校长难得静下来品读诗词，袁哲咧着嘴笑了，问他："你觉得哪四句写得好，我就告诉你。"

廖世承说："这八句虚实结合，文心曲妙，具有高格调的审美品位。这首诗很不错的。要我说，后面四句最为精妙。"

袁哲扭头抬了抬眼镜，笑着说："你要说说好在哪里。"

廖世承说："前四句是写景，动静兼备，后四句妙在能根据前四句，错落有致地由物及人，自然过度到以景代情，笔笔刻写入骨。"

张筑音好奇地插一句："填词时，除了注意格律外，还有意境的创设。"

廖校长看了看她，接着说："对，宋词典丽高雅，它的美在于把情感含蓄化，把景色朦胧化。在填词时，还需要注意它的曲。词是一种音乐文学，宋词曲调，说的就是词牌。无论是单调还是双调，反映出一定的声情。"

廖校长说的这些创作技巧，都是张筑音不知道的。以前在老家私塾里，老师只是要她们背诵，没有具体落实到如何创作，后来在周南中学，老师对于诗词，讲解得也只是诗词的发展历史轮廓，对于诗词创作，知其然不知其所以然。今天第一次听到大师这样解读，张筑音特别的高兴。全神贯注的盯着廖校长，仔细聆听他的一字一句。生怕自己没听到或者是忘记。

正在张筑音准备再走近听时，廖校长突然问一句："这是谁写的？"

袁哲乐开了怀，笑着说："就是你眼前这位刚写的。"

廖世承拿着纸连连说："哎呀，不错啊！张小姐的古文功底深厚，是人才。"说完拍拍袁哲的肩笑着走了。留下袁哲一个人傻傻地望着羞红脸的张筑音笑着。

张筑音原打算请教他关于词曲在填词时应该注意的事项，没想廖校长来去匆匆。看着他远去的背影，张筑音开始期待下次的遇见。

一首诗，是画不是画。字字句句，诉不尽，满腹思绪。一首词，是字不是字。笔墨之处，道不完，人间情愁。也让廖世承在和教师吃饭喝酒闲聊时，当情书典范来给说，惹得国立师范学校的年轻人一度流传。也就是那张纸，让廖世承发现袁哲的字写的很飘逸洒脱，就让他写了国立师范学校的校牌挂在校门口，钱基博写《国立师范学院成立记》。

第二次缠着廖校长给自己讲解曲调是在一周之后，那天下午，张筑音的大哥给曾毅夫捎来了一包新化特产，让张筑音送去。张筑音走在升平河的木板上，看见前方不远处是廖校长，她急匆匆地小跑过去，快到廖世承身边时，大声地喊道："廖校长。"

廖世承吓一跳，扭头向后一看，张筑音穿着灰白色上衣，胸前还有一条长长的天蓝色丝巾，深蓝色裙子，背后还背着一个深灰色布袋。风儿吹来，短发飘飘，天蓝色丝巾在空中画着优美的弧线，像是快乐的小鸟。他问："张小姐这是去看公为兄？"

张筑音红着脸摇摇头，笑着说："我去找曾毅夫曾先生。"

"张小姐和公为兄怎么样了？"

"什么怎么样了？"张筑音装作不懂他的意思，故意笑着反问。

"呃，我什么都不知道。只是知道这围巾是他送的"。廖世承边走边向前望了望，装作漫不经心地回了一句。

"你咋知道的？"张筑音好奇地盯着他。

"我知道什么？"廖世承扭头看了看她，含着笑问。

"这丝巾是不是你们学校发的……"张筑音声音越来越低了。

看到张筑音那失落的眼神，廖世承忍不住哈哈哈哈大笑，他越笑张筑音越窘迫，低着头不敢说话，只是向前走。

"看看，被我猜中了吧。"廖世承补了一句。

这下把张筑音给羞得不知所措，只能低着头暗暗伸着舌头。懊悔自己一不留神给中了埋伏，不打自招了。

一路上都不敢再向他请教自己早就想知道的关于曲的分类。不过，后来她还是逮着机会让廖校长给自己好好地讲了一节课。

【10】爱情好比一壶酒——钱基博的浪漫

一九三八年十一月十一日，按着习惯，张筑音做完事情就来到李园。此时漫步在前往国立师院图书馆的路上，不知何故，张筑音想到和好友的说笑，觉得自己来安化蓝田或许是对的，因为这里有她喜欢的味道，有她喜欢的事物，更有她渴望许久的书。也或许，她没随廖学茂北上不仅是所谓的注定，更多的是自己内心潜在的渴求吧。

来到蓝田之后，张筑音就听人说过，国立师范学院图书馆有个不成文的规定，不是本校的师生，一般不外借书籍，但这并不影响书对她的吸引。在李园四周走走，更加激活了她对国立师院简陋的图书馆的渴望。袁哲带她来的最多的地方，也就是她梦寐以求的图书馆。说是图书馆，其实就是李家大院后园最后一排的平房子中，两间稍宽敞的木房子。平房前后是青翠的竹林，微风拂过，窗外传来的是竹叶窸窸窸窣窣的碰撞，似是女子轻声的低吟，越发凸显图书馆的幽静。

和袁哲在图书馆待的时间长了，张筑音无意间发现袁哲在图书馆里经常翻阅的《人间词话》里居然还有密密麻麻的注解，这和她在周南中学看到的《人间词话》不一样，她所看到的是没有详细的诗词剖析和完整的诗词赏析。后来出了图书馆，她忍不住好奇问了袁哲，袁哲告诉她，这是国立师院特有的一道风景，因为时局较为不安宁，学校老师考虑到很多学生可能会因各种琐碎而耽误课程，故此在必修的几门课程书籍中做了较为翔实的笔记。不知道这个秘密还好，知道了反而越发增加了张筑音对学校图书馆的热爱。

带着这个秘密，张筑音走到李园后园，还未推开图书馆的门，她感觉风里丝丝缕缕的清凉缓缓的浸透到每一个神经末梢，在骨髓深处宁成一股远隔红尘的幽静慢慢上升，让她不由自主地深呼吸。这是她喜欢的感觉，也是她一直静静等待的味道。

跨过李园特有的青石门槛，图书馆的门是敞开的，她不由自主放慢脚步，脚步声也尽量轻一点，不想惊扰到屋内的读书人。此时才早上八点，图书馆内已经坐满了人。她快速地打量了一下，找到一个空位，把蓝色绣花布袋放在课桌上，熟练地穿过一排排高大的书柜，在拥挤的书堆中寻找着自己喜欢的书籍。屋内很静很静，能听到的，除了翻书声，就是偶尔窗外飘进来的鸟啼。

她找到了袁哲上次看的那本国文系专用课本《人间词话》《古文观止》《资治通鉴》等书籍，伸手抽出来回到座位时，发现座位旁边多了一位五十多岁的男人，穿着灰色长褂，戴着眼镜，低着头正在看书。来这里看书的五十多岁长着白胡子的人不多见，这让她不由得多看了一眼。

这本《人间词话》她看过几遍，很是熟悉了。但是她这次不仅仅想看老师的注解，还带了抄写本，要把笔记给抄回家。还没翻开书，她就拿出自己带来的笔记本和钢笔，打开第一页。一边看，一边把书中注解抄写在本子上。直到中午袁哲来叫她吃一起中饭，她才想起昨天就和袁哲相约今天中午一起去吃小有名气的茶叶饭。而当她抬头时，看见旁边的人不知何时也坐在椅子上趴在桌上认真地抄写着。

她准备俯身细看时，袁哲摇摇头，拉拉她的衣袖，示意她出去，不要打扰。等她走出了图书馆，连问袁哲，那个人是否是学校的老师。袁哲笑了说，你的眼睛真厉害，居然都能看到人家是做什么的。

她惊讶地张大眼睛反问道，真的啊？我说怎么这么认真。他是谁啊？

袁哲说："他是师范学院国文系主任钱基博。"

听到钱基博这三个字，张筑音惊喜万分。

"真的啊？真的是他啊？"忍不住反复地问。

是的，是他，来湖南已经有五年了。十一月接受国立师范学院院长廖世承邀请，辗转来到湖南蓝田。

张筑音还未和袁哲认识之前，早就听说钱基博为人博学、厚道、仁爱，对钱基博很是崇拜。如今能和自己仰慕的文学大师在同一个场所，这对喜欢文学的张筑音来说，是再好不过的老师，没想到自己居然还会和他一起看书写字。想到这，张筑音感觉异常的高兴，一路上非要袁哲给她说说钱基博老师的一些典故。袁哲说，钱家原本是大户人家，因战争时产业遭到抢劫，欠下大笔债务。所以钱基博一个人到处讲课和撰稿，不仅承担一家老小的生活开支，还需要偿还债务，如今债务是没了，但他的身体也因常年苦研文学而落下了病根。因而现在五十二岁的钱基博身体很不好，偶尔走路都需要拐杖帮助。每天除了上课写文之外，生活方面都得靠人照料。

钱基博父子

第一次在图书馆偶尔钱基博，这让张筑音对国师更多了一份敬仰和欢喜。接着几天，书籍成了张筑音形影不离的伙伴。她都能在图书馆看见钱基博的身影，常常两个人都忙着低头抄写，忘了时间，是最后出图书馆的。也就因为这样，钱基博对她也开始熟悉，在图书馆遇见，彼此都会相对凝视片刻，算是彼此问好。

十一月十五日上午，袁哲和张筑音说笑着走进李园后园，碰到了图书馆里出来的钱基博，他夹着书低着头，好似在寻思，袁哲笑着迎上去，轻声地叫道："钱教授。"钱基博这才抬起头，"哎呀，是你的。"话刚落音，发现了他身后清纯秀丽、楚楚动人的张筑音。他抬头看了看袁哲，又看了看张筑音温柔的眼神，对袁哲说："哎呀，原来我这么多天在图书馆遇见的人是你的……朋友啊。"

后面几个字故意拖长，留下无限空间，诠释最美的答案。

袁哲明白钱基博的意思，笑着对张筑音说："我来介绍一下，这是我们师范学院国文系主任钱基博教授。"

张筑音笑着轻声说："早就听说钱教授大名。"

钱基博接着说："我也在图书馆早就看见过你。"

袁哲说："这位是张筑音，一直很敬佩您。"

钱基博靠近袁哲小声的说："公为兄，是你的女朋友吧。"

袁哲不好意思笑了。张筑音更是羞红了脸，低下了头。

钱基博见两人羞答答的神态，知晓了他们心中的小秘密。紧握袁哲的手在他耳边有力地说了一句：支持！然后装作啥也不知道，带着浅浅的笑意走了。留下满面娇憨和妩媚的张筑音不知如何是好。

得知张筑音特别喜欢文学，对钱基博更是崇拜，为了让她和钱基博更熟悉，便于她向钱基博讨教国文，袁哲常请钱基博吃饭，而钱基博也常请他们。学校才刚刚起步，一切都还很不理想，老师待遇也不高。大家礼尚往来，相互帮助。一面吃饭，一面聊文学，气氛非常好。现在看来可能是因为当时国师教师在蓝田的那些日子里除了教学任务外，只是读书，钻书堆，每天的生活内容极其单调刻板，娱乐活动极少，下馆子也就成为大家聚会聊天的唯一娱乐形式，所以教授间彼此请

钱钟书

客非常普遍，有时公训系教授汪西林和不爱热闹的钱钟书也参与其中。

后来参与的人越来越多，当钱基博等各教授一到，大家如众星捧月，而表面严肃的钱基博老师经常口出妙语，惹得满座叫好，随着他们数次的到来，逐渐成为他们常去的几家餐馆独特风景。

几个人说到国立师范大学时，钱基博对袁哲说，你辅佐廖世承办学不错，一德一心，惟和惟一，大大加强了湖南的学风形成浓厚的氛围。后来钱基博还把这种赞赏写进了《国立师范学院成立记》文中。钱基博敬佩湖南地区浓厚的文化底蕴，对湖南也是情有独钟。一直到一九四六年秋季，才离开当时已迁往南岳衡山的国立师范学校去湖北武昌。在这期间，钱基博常来图书馆查资料就是为写《近百年来湖南学风》一书。

后来很多老师都喜欢去那里吃饭聊天，大伙相互凑钱，作为聚会资金，为的是可以听到大师们独到的见解，又可以一起热闹热闹，打发寂寞。蓝田的餐馆虽然没有什么美味食物，但依旧充满了诱惑，几样小菜都弥漫细腻沉郁的香味，让不少人流连忘返。时间在飞逝，日积月累，蓝田的小餐馆也就这样成为了当时蓝田人吃饭聚会的文化场所，也是敞开胸襟说话的好去处。三杯淡酒，几个小菜，欢声笑语，将真情播洒，合着诗的节奏，暗香盈袖，随时光镌刻在云水上。

随着张筑音经常向他讨教文史方面的知识，对张筑音对文学的热爱和她本身散发出的灵气很看好，偶尔当着张筑音的面对袁哲说：找个湖南人好。湖南学习气氛浓，学风好，赋有创造力。选一个酷爱读书、热爱文学的湖南女子为伴侣，做得好，配得妙。这直白的话语，让张筑音羞得满脸通红，羞答答的娇模样，洒落在他们清澈如水的眸子里。

十一月二十日，袁哲告诉张筑音，他们几个听到在蓝田新开的一家绍兴馆时，就相约一起到餐馆里去喝黄酒。不过当时黄酒在蓝田并不多见，张筑音只是听说绍兴黄酒很不错，没见过。下午五时，袁哲带着张筑音走到餐馆时，大家都已经到了。当酒放在桌上时，还没打开，就弥散出似有似无的香味，顺着呼吸在肠胃回旋，缭绕于心，让人沉醉，顾盼流连。不善饮酒的她看见对面的钱基博此时微闭双眼，深呼吸了一下，摇摇头，笑着慢慢地说了一句：爱情好比一瓶未开盖子的绍兴黄酒！

汪西林接着说了一句：一杯浅醉难说清，朦胧情话道不尽。

他们两个人一唱一和的对白，烹调出醉人的味道，撑起诗意情怀，把藏在彼此心间的事吹响，荡起的涟漪层层叠叠，让难以描绘的浪漫顿时在酒香中显得更旖旎。这让正在和袁哲交往的张筑音回眸一瞥，俯首含羞，柔光飞泻。钱基博见她这般缱绻，对着她呵呵一笑，顺手拍了拍袁哲的肩说：公为兄，加油！桌上的人都不约而同笑了。

可能是因为钱基博是无锡人，袁哲是诸暨人，所以两个人对黄酒都有特别爱好，一餐饭两个多小时，彼此在桌上说了很多话。特别是钱基博，时不时和钱钟书言谈时，就蹦出充满文学意境的妙语，像诗一样充满魅惑，这让张筑音看到了另一个温情风趣的钱基博。

后来张筑音才知道，那一天钱基博和袁哲如此兴奋，也正是因为他和袁哲远离江浙故乡，所以饮黄酒就成了思念故乡的一种情结。这也是大师们难得的时候，可以借酒发泄说不清的牵念，挥洒一份比火还热的思念。

虽然把爱情比作酒香，张筑音第一次听说，但觉得这样的比喻富有浪漫的韵味和无法用言语表达的诗意，绚烂满怀，蕴藏着经典。看似自言自语的一句话，简单明了，却足以让人沉吟许久，反复琢磨。黄酒的香味，氤氲出他们内心一份袭撩心魄的倾诉，让人惊艳。或许，这就是大师们的精练之处。

想想自己和袁哲的交往，常常一个温柔的眼神，自内而外散发出的迷人气息，传达彼此婉约的心思。而那瞬间的眼神蕴含的千般情意，超越了万种词汇。眼睛与眼睛刹那的碰撞，不就是凝成了一壶饮不尽的千年女儿红吗？

【11】落花时节又逢君——朱经农的风趣

从餐馆回来，张筑音时常就会想起钱基博的那个比喻，这是她第一次看到如此幽默风趣的钱基博，偶尔忍不住把这个比喻拿出来和袁哲说笑。

十一月十三日黄昏，张筑音和袁哲和往常一样，两人漫步在李园，准备趁图书馆人少的时候去看看书。不料，去图书馆的路上遇见一个中年男子，袁哲停下脚步和他说话，张筑音偷偷地观察了一下，此人面相严肃，感觉好似不苟言笑的那种，让她有点紧张。没想到他在临走时，特意看了看站在袁哲身后的张筑音，向袁哲扬了扬眉毛，大眼睛上下转，有点鬼精灵的味道，紧贴着袁哲的耳朵说："你这是工作恋爱两手抓。"

说完抿着嘴巴走了。虽然他的声音很小，但是张筑音还是听到了，只能低着头看脚尖。等他走远了，忍不住轻轻地问："这人看起来好严肃，想不到也有趣。"袁哲说："这是这里的教育厅厅长朱经农先生。"

性格恬淡却不孤僻，博学多识而不自矜，一点都没有派头。

人家是真才实学的大师，一心抓教育，严谨治学。

袁哲的介绍，在张筑音心里，似乎也就成了对朱经农的评价。

真正认识朱经农，是一九三八年十一月底，那时袁哲已经通过曾毅夫找她大哥开始商议，确定他们恋爱关系了。刚高中毕业就恋爱谈婚嫁，张筑音觉得尴尬，为了避开这样的场景，她特意趁机回老家新化待了三天，等大哥回长沙后，她才从老家新化再到蓝田帮助周南女中的老师填写学生档案和搬迁资料。

中午，她刚刚走出女中，就看见袁哲穿着一身灰白条纹西服，在树下等着。几天不见，袁哲似乎黑了一点，瘦了一点。看见张筑音，他忍不住痴地笑。张筑音不好意思，瞟了他一眼，装作满不在乎地问："找我有事吗？"

"呵呵，有事也没事。"

"到底有事还是没事？"

"有事就是吃饭，没事就是看看你"。说完，袁哲自己都不好意思，声音低了很多。

张筑音心花怒放，情不自禁地抿着嘴偷偷地笑了，然后也低着头装作很随意的样子说："那好吧"。

听张筑音这么一说，袁哲立马抬起头乐了。

两个人一前一后走到镇街头西面的"大麦子"餐馆里，这里人比较多，袁哲选了一个比较安静和偏僻的地方坐下，点了几个小菜。刚准备吃饭时，朱经农进来，看见他们，袁哲招呼他一起坐下吃饭。朱经农歪着头笑着望着张筑音说："公为兄，我和你们一起吃，不太方便吧？"

"没有什么不方便的，一起吃吧。"袁哲边说边拉着他坐下。

张筑音笑着说："朱先生是不是怕我们影响你啊？"

"张小姐这么说，我就不客气，坐下了哟"。说着坐下，并在桌子上搁了一个玻璃瓶。张筑音仔细一看，里面装的是她最喜欢吃的剁辣椒酱。瞪大眼睛惊喜地望着朱经农问："朱先生，这是哪里来的？"

"呵呵，看起来不错吧？"

"嗯，颜色鲜艳，口味也一定不错。"

"是我在常德府读书时的同学给我寄来的。"

"现在这里难得看见这么新鲜的辣子酱了"。

朱经农说着说着就拧开了瓶盖，在盘子里倒了一些出来。原本很少吃辣椒的袁哲经不住他们诱惑，也拿起筷子尝了尝。"这味道还真不错，有点甜，也有点辣。"

"湖南人最爱，是不是？张小姐？"

"是啊，只是现在蓝田找不到这么新鲜的。"

"湖南人吃辣椒历史悠久，《清稗类钞》就有记载说：湖南人是'无椒芥不下箸也，汤则多有之'，我们今天汤里没辣椒。"

即便是说到口味，朱经农都能引经据典，正本清源，饱读诗书的人就是不一样，什么都知道，而且还记得如此清楚，让张筑音十分敬佩。

那一次，朱经农和袁哲讲述了他的"一乡一中心学校，一保一国民学校"的普及义务教育计划，两人越说越欢，越说越有劲，还点了一小瓶酒下肚。

在张筑音看来，这是她第一次看见朱经农饱含激情的时候，虽然这里的菜味道还不错，就是口味有点清淡。有了朱经农带来的辣子酱，张筑音吃的也是津津有味，袁哲不敢多吃，就和朱经农两人喝酒说事。吃完午饭，已到下午一时，三个人有说有笑地去李园了。到了李园，朱经农突然对袁哲说："今天你们的约会多丰富。"

袁哲不懂，张筑音也充满疑惑。

朱经农笑着说："有酒菜，成三人，红椒联姻。"说完转身去李园东面了。

留下张筑音和袁哲久久凝视……事后两人回忆此事，张筑音就会说：辣子酱约会。

后来袁哲把这外号告诉了朱经农，朱经农哈哈一笑，然后对张筑音说："公为兄，应该叫浙湘之会更好。"

张筑音不懂。朱经农告诉她，其实他对湖南很有感情，不仅仅是因为自己现在在这里工作，更主要的是他 7 岁就随母移居湖南，跟随伯父在湖南常德读过书，度过几年最美时光。他的三叔朱其懿在湖南创办过沅水校经堂，他们一家人对湖南都是情有独钟的。

人一生最为纯洁的，是少年时。记忆最为深远的，是童年的记忆。在湖南安化蓝田那一年，朱经农几乎常年是一身灰色长袍，胖乎乎的脸，浓眉大眼，有一撮黑胡子。1941 年，袁哲和张筑音离开了蓝田，到中山大学，和朱经农分开了。没想，山不转水转，有缘人自会再见。后来，朱经农在中央大学任教育长时，聘请了袁哲做中央大学教授，两人再次聚在重庆，成为同事。

因为是旧相识，所以朱经农常到袁哲家做客，谈笑风生，肆无忌惮，顺便也尝尝张筑音做的湖南菜。虽然重庆菜也有辣味，但是朱经农总觉得没有湖南辣的有味道。张筑音说：湖南的辣椒辣的悠远绵长些。

朱经农说：《楚辞》里《招魂》和《大招》就说过，湖南菜肴丰富多彩，味美而浓烈，那可不是徒有虚名。湖南青山翠水，莺啼鸟歌，所以湖南的菜也香酸辣，浓郁醇厚，具有浓郁的山乡风味。重庆是山城，麻辣偏重干辣火锅。

不知道是湖南独特的辣味情怀做牵引，还是一种命运的巧合，让袁哲和朱经农两人从蓝田离别说到重庆聚首，总在相逢中度过。袁哲是国民党上海监察委员，同时兼任复旦大学教授、上海育才中学校长。朱经农是国民党中央监察委员，兼任上海光华大学校长和商务印书馆总经理。两个人从湖南走到重庆，又从重庆走到上海，似乎没有分开过。

张筑音觉得自己没有很好培养袁哲的女儿袁善如，就教育孩子方法请教朱经农，朱经农说：环境对一个人成长很重要，结合当时几所大学的学习氛围和师资，建议袁善如在光华大学去读书，这样可以获得更多的大学学习机会。为此，由朱经农帮忙，让袁善如有了进入光华大学机会，袁善如在光华得到很好照顾，苦读一年，通过自己努力考取了复旦公费生。

无论是工作方面还是生活琐碎，对于为学为政游刃有余的全面教育家朱经农，张筑音除了感激就是尊敬，他是一个真性人，真正的教育大家、学者。不傲才以骄人，不以宠而作威。

人海茫茫，众生芸芸，人生何处不相逢，虽然并不一定每一个相遇都是久别重逢，但是每一个久别重逢一定是不期而遇。或许，绚烂的烟火在缤纷的流年，一半是喜一半是伤。与繁华喧闹的人世间，让人能沉迷其间，从而忘一路的沧桑和忧伤，怕就是这看似平淡的真诚交往。

从一九三八年开始，看见他们两人一起喝酒畅谈，张筑音脑海里就会想起李益的《喜见外弟又言别》诗句"十年离乱后，长大一相逢。问姓惊初见，称名忆旧容。别来沧海事，语罢暮天钟。明日巴陵道，秋山又几重。"

袁哲说，他想到的是杜甫的《赠卫八处士》"人生不相见，动如参与商。今夕复何夕，共此灯烛光。少壮能几时，鬓发各已苍。访旧半为鬼，惊呼热中肠。焉知二十载，重上君子堂。昔别君未婚，儿女忽成行。怡然敬父执，问我来何方。问答乃未已，驱儿罗酒浆。夜雨剪春韭，新炊间黄粱。主称会面难，一举累十觞。十觞亦不醉，感子故意长。明日隔山岳，世事两茫茫。"

张筑音说，两首诗抒发对朋友的深挚感情，字里行间都是对往昔回忆与惋惜，把久别重逢的悲喜和无奈都刻画得淋漓尽致，悲伤多了一些，纵然回到那时，更添羁宦孤独之悲感，情怀依旧忧伤。还不如一句"落花时节又逢君"描绘的清幽、淡逸画境，伤离感旧之情淡薄、委婉些，有一种令人神远的意境，倏忽而来，曲致幽情，耐人寻味，至少给人多少温馨。毕竟再次相遇，是深刻而难忘的，总是美好的。只是张筑音没料到，两个人从湖南走到重庆，又从重庆走到上海。后来，朱经农留居美国后，从此再也没见，这次成了永远的再见。

【12】糖醋鲤鱼大聚会——与汪德耀有关的记忆

张筑音和袁哲的交往让国立师范学院的老师们知道了，考虑到张筑音刚从周南女中毕业没多久，免得她害羞，大伙都装作不知道。这样张筑音也就没有心理压力，在学校自由出入，常到袁哲宿舍里往来，和他的儿子袁道先关系融洽，成了无话不谈的好朋友。

一九三九年三月，万物复苏，春暖花开。太阳照在人们身上暖洋洋的，在柔和的风里，柳梢绿了，青山溪水活了，粉面桃花，醉眼迷离，大地一片生机勃勃的景象。

一个诗情画意的季节，张筑音一如往常，帮助整理好周南女中学校的资料，就去国立师范学校看看，顺便还可以借几本好书。跨过小河，听哗哗的水声清脆悦耳，看鱼儿在清澈见底的水底到处游戏，一路哼着小曲，走进简陋的教工宿舍区。隔着两边的稻田，远远就看见袁哲的儿子袁道先蹲在走廊前面的空地，抿着嘴，弓着腰，盯着什么。她走进一看，这个可爱的孩子正在看一片绿叶上的毛毛虫。张筑音笑了，也蹲下身子，和他一起仔细观察。小家伙看见她，瞪着大眼睛问道："阿姨，这个毛毛虫是害虫吗？"

这个问题张筑音还真没想过，只能想了想，说："应该是吧。你看看它都把叶子给吃了。"

它就只吃叶子？

"好像是的。"

"我爸爸说过，只吃一种菜是长不大的。"

"对啊，所以毛毛虫没有小朋友大。"

两人看着在绿叶上爬行的毛毛虫，一问一答，笑了。正在这时，有一个身穿灰色西服的年轻男子从远处走来，不知何时站在他们旁边，听着他们说话。插了一句："毛毛虫也会长大。"

两人吓一跳，抬起头，映入张筑音眼里的，是一张眉清目秀的脸，一双炯炯有神的大眼睛，头发梳理的很整齐，一身深灰色西服。正俯身看着他们脚底下的那条毛毛虫。

袁道先看见他，连忙问道："汪伯伯，你说它会长大吗？"

那个年轻男子说："当然会啊，它长大了可漂亮了。"

袁道先怔了一下，继而惊愕地眨了眨眼睛，皱起了眉头，问道："真的啊？我咋没看见长大的毛毛虫呢？"

"长大了，它就是一只只美丽的蝴蝶。"

"啊，它就是蝴蝶？"

看袁道先一脸疑惑，睁大了双眼，似乎在思索什么，此人也蹲了下来，指着毛毛虫说："毛毛虫要经过四次变身才能是蝴蝶。现在是蝴蝶小时候，要吃叶子才能有力气慢慢地变。长成蝴蝶了，就能帮助植物传播花粉，帮助人们进行植物繁殖。"

"难怪故事里说，小天鹅小时候也很丑，是只丑小鸭呢。"袁道先噘着嘴说。正在张筑音不知道该如何时，袁哲夹着书走来了，看见他们，就对袁道先挤了挤眼睛，笑着说："我家的好奇小人儿今天遇到真正的老师了。"张筑音笑着站起身，望着袁哲。袁哲连忙指着那个人说："这可是我国第一位细胞学博士，也是国内7个获得法国国家博士学位的学者，北平大学生物系任教授汪德耀先生，我们国立师范学校教务长。"

张筑音嘴巴张得大大的，连忙对还在和孩子一起蹲着的汪德耀先生点点头，连说："汪教授好"。汪德耀先生笑着站起来，然后对面如桃瓣、目若秋波的张筑音说："你我是第一次见吧，不过，我早就知道公为兄的小秘密哟。"

谁都能听出汪先生这一句意犹未尽的话，张筑音的脸一热，红了。汪德耀先生忍俊不禁，开怀一笑，拍了拍袁哲的肩膀说："公为兄，春天来了，花儿开了，爱情降临了。我们五个人，就他最年轻，你们这点秘密是公开的，大家是理解加支持。"说的张筑音双颊浮起两朵红云，心里美滋滋的。看着汪德耀先生走进宿舍，张筑音这才轻声地问袁哲："他是哪里人啊？这么年轻的博士。"

袁哲拉着袁道先的手，和张筑音并肩走着，边走边说："他是江苏灌云的，来安化蓝田时，才结婚一年。来安化之前，是北平大学生物系教授，兼任国立北平研究院生物研究所研究员。"

"看来，国立师范学校是人才济济，典型的才俊大聚会啊。"

"想办好一所大学，首先就得有好的师资才是基础。"

"他的太太也在这里吗？"

"嗯，他的新婚太太也来了，你有空可以和他太太王文铮女士说说话。听说他太太是北平人。"

张筑音对这个宁愿舍弃北平大都市跟随汪先生来到这个偏僻的角落的女子很是敬佩。这个年代，需要的不仅仅是勇气，还有承担和情感。她对刚认识的湖南国立师范学校五个创始人当中唯一一个没戴眼镜的教务长汪德耀夫妻的敬佩之情油然而生。

在变化多端而明媚的季节，很多以为一辈子都不会忘记的事情，就在念念不忘的日子里，掩不住斑驳流年，在青春里逐渐被遗忘。而有些人和事，却因为特殊的符号，让人铭刻在心。这个汪先生，让张筑音记忆犹新，主要还是另一件事。

四月的某一天，张筑音准备回老家，头一天早上就去袁哲宿舍看看。袁哲正和儿子穿戴整齐走出来，便和袁哲一同将他儿子送去附近的国立师范学校附小。两人有说有笑地往回走，到双桥河的岸边，看见汪先生和一年轻女子在晨风中漫步。张筑音拉了拉袁哲的衣袖，指了指前面，袁哲笑了。快步走上前，对前面的汪先生说："哎哟，我们每天早上都在这里相遇啊。"

"学校就那么大，早上不碰到你，就是碰到他。"汪先生看了看张筑音，朝袁哲笑着说："今天可不同啊，公为兄，你今天多了一个人。"

看见汪先生的玩笑，张筑音不由得一笑，默默地看汪先生身边清瘦的女子，瓜子脸，皮肤白皙，蟒首蛾眉，巧笑倩兮，美目盼兮。格子旗袍，微卷的短发，窈窕身姿。宛如从书画里走出来的江南女子，婉约，柔美。张筑音的凝视让汪先生意识到，还没介绍。就对张筑音说："我还没介绍一下，这位是我夫人。"

只见汪夫人浅浅一笑，向张筑音伸出双手。张筑音嫣然一笑，望着袁哲。袁哲抿抿嘴，笑着对汪夫人说："这位是张筑音小姐。"

汪先生后面嘻嘻地补一句："准袁太太。"

这一句补充，让四个人一下亲近了很多。回去的路上，张筑音和汪夫人闲聊，袁哲和汪先生说着话。汪太太在张筑音眼里，轻轻暖暖，淡然而惊心。

一花一世界，一人一心思。张筑音以为，自己和汪先生不会有接触，没想到一周之后的一个下午五点多，袁哲有空，说要自己去接儿子，张筑音就在走廊尽头洗好菜，准备做饭。等袁哲刚走出去，汪太太着素色衣裙，手里拿着一个纸包走进来，对她微笑："张小姐，这是我老家寄来的糕点，袁先生的儿子可能喜欢吃。"

"我代替他谢谢你，汪太太。"

"没事，大家都喜欢小孩子。"说完，汪太太转身就走了。望着汪太太远去的背影，张筑音想到的是柔弱、温婉，一个行走在唐诗宋词里的江南女子。

张筑音把糕点放在袁哲的桌子上。等她把准备好的菜做完，袁哲就带着儿子在前，汪先生在后，一起来了。刚刚汪夫人离开，汪先生就来。看见汪先生，张筑音忍不住笑了。

张筑音迎上前去，袁哲把手往她前面一伸，张筑音这才看见，袁哲的手里居然提着一条大鲤鱼。惊奇地望了望袁哲，不知道他什么意思。袁哲说："刚才经过河岸时，有人在网鱼，送我一条。我就把汪先生叫来一起尝尝，正好和教务长说说事。"

这时孩子抬起头对袁哲说："爸爸，我去叫汪太太。"说完转身就跑了。走在后面的汪先生听见了，笑着说："这小家伙，不得了，是个小天使。"

张筑音听了，也笑了。然后走进厨房忙碌。等她把鱼洗干净，刮鳞、掏鳃、去内脏，汪夫人进来了。两个人有说有笑地忙碌起来。因为对汪太太充满好奇，所以张筑音请汪太太掌勺。只见汪太太把鱼儿用油煎成金黄色，再用旺火烧开，放了一点事先就用佐料熬制的汤，小火煨，至汤汁收浓呈如白色，她放了一点葱姜。一会儿，香喷喷的糖醋鲤鱼做好了。端上桌，袁哲一看，鱼儿形体完整，色泽金黄，鱼肉光亮，惊奇地说："今天的鱼怎么这么香？"

张筑音笑着说："这是汪太太做的。"

"哈哈，今天我们可以吃到北方口味了。"

张筑音尝了一下，感觉鱼汤清淡，鱼肉鲜嫩，味道非常不错，很有特色，口味焕然一新。忍不住说："真想不到，汪太太的厨艺这么好。"后来，张筑音一边回忆汪太太的做法，一边自己摸索，也学会了做这道北方菜肴。

最为巧合的是当天下午，有人给汪先生也送了一条大鲤鱼，汪太太特意邀请袁哲和张筑音去吃晚饭，让张筑音露露手艺，做做湖南的糖酥鲤鱼。等张筑音做好端在桌上，汪先生走进来，低着头一看，盘子里的鱼很是新鲜，鱼身上浇有一点点葱花和小小红椒，看似鱼儿没有什么颜色变化，但是香味扑鼻。就提前用筷子夹了一小块尝了尝，外脆里嫩、酸中带辣。放在筷子就说："典型的湖南菜啊，公为兄，快来。"

袁哲尝了尝说："中午是香脆，晚上是酸辣，今天糖酥鲤鱼大聚会、口味各异。"这一句话，让张筑音记忆深刻。只是一九三九年后，袁哲和张筑音结婚，就住在了另一边的宿舍，和汪先生不同方向，两家人也就接触少了。

青春如梦，岁月如花，流年似水，稍纵即逝，有的相遇就像是流星，瞬间迸发出令人羡慕的火花，却注定只是匆匆而过。犹如汪先生和袁哲两家人。后来袁哲和张筑音去中山大学，汪德耀夫妇去福建省研究院。袁哲夫妇去了中央大学，汪德耀夫妇在厦门大学工作。世界说大不大，说小不小，虽然这两家人都在教育这条线上忙碌着、奔波着，但这么多年来一直未曾再次遇到，如雾般消散，散落天涯。

秋荷画余录
山荔古稀斗岁乙酉夏
澄

第四卷

红袖添香

冷冷清清的秋，明月下的月色，浸透在怒放的粉荷之上。几片残叶，羞羞涩涩。含苞的蕾，
袅袅娜娜。盛开的花，独自清欢，吟唱江南的古韵与风流，随风溢远。

时间，似乎永远都是公正的。哪怕待以千年，冷却了月光的温度，在流逝中搁浅的，只是溅落的尘埃。

　　温一壶月光当酒，借问情为何毒！

　　谁在孤守一个承诺，与花前缱绻？

　　谁在浮华世里追寻，与字里行间缠绵低诉？

　　谁在为伊消得人憔悴，谁在守着一个痴情而默默流泪？

　　多少风流佳话，多少痴情的种，都在渐行渐远的时间中流逝。懂得也好，忘了也罢，打湿了的心，还是忍不住泛起涟漪。

　　花好月圆，良辰美景，谁不醉？

　　且不说，你在依恋看不见的影子，他在拥抱甩不开的孤寂，花开花飞，多少情怀与漫长的等待里胡乱纠缠。只是不慎落入水中，成了你笔下的一滴墨。

　　掀开人与人之间的那道珠帘，笔墨溢出多少离愁，画在眉梢？

　　多少等待，因思念而泛滥成灾，落在琴弦？

【13】重庆婚礼——媒人潘公展

光阴似箭，转眼就到了一九三九年初夏，袁哲开始有点着急了。因为马上就到了潘公展帮他预定的结婚日子了。可是，如何让张筑音接受在一九三九年的夏季和他结婚呢？这是他一直不知道如何开口的问题，只好再委托曾毅夫帮忙。曾毅夫笑他，你恋爱也要人家帮你，现在你想结婚了，也需要人家帮你提出，你也太书生了吧。

他只是低着头红着脸傻笑。看袁哲这般含羞的模样，曾毅夫没办法，只好硬着头皮给张筑音的大哥张光钱写信，希望他能答应袁哲定于六月的婚礼。这一封信，来去的时间似乎太长，让袁哲都感觉到心慌。

五月底，袁哲正在办公室忙碌，就听到门外急匆匆的敲门声，他起身开门，只看见曾毅夫一脸笑开了花，见他嘴巴就合不拢。傻傻地笑着。边笑边用力地拍着他的肩膀，他莫名其妙看了看他，笑着说："怎么了，捡到金元宝了？"

"我是没捡到，你捡到了。"曾毅夫笑着径直走到他办公椅上坐下，故弄玄虚地盯着他，就是不说话。

"卖什么关子，有话直说。"袁哲也没理会他，依然低着头整理自己桌子上的一堆书籍。

"你希望是什么事情？"曾毅夫反问他。

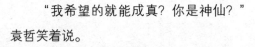

"我希望的就能成真？你是神仙？"袁哲笑着说。

"可不一定，说不好我今日就真的是神仙了。"曾毅夫洋洋得意地说。

"你不说，懒得理会你。"袁哲权当他喝了点酒，醉了。

"我今日还真没喝酒，别以为我醉了。"曾毅夫一眼看穿了他的心思，开门见山说了。

潘公展

"那就有话直说。"袁哲头也没抬，

继续忙乎自己的。

曾毅夫立刻严肃起来，一本正经地对着袁哲说："你准备给我买皮鞋吧。"

"啊？"听了这话，袁哲先是一怔，不懂。盯着曾毅夫看了看，恍然大悟，明白了曾毅夫的话。原来曾毅夫和袁哲以前就

1939年，张筑音和袁哲在重庆新婚照

说过，如若他帮助袁哲促成了好姻缘，袁哲就必须要按着湖南的风俗，给媒人买鞋以示感谢。如今曾毅夫要他买鞋，就是说他让张筑音答应了和自己的婚事。袁哲立马放下手中的书籍，弯下身子伸出双手抱着椅子上的曾毅夫大声地叫道："她答应了？"

"哎呀，哎呀，我说是你捡到金子了吧。"曾毅夫一边笑一边拉开袁哲的手说："怎么谢我？"

"买，买最好的皮鞋。"袁哲嘴巴合不拢，一个劲地点头。

曾毅夫接着告诉袁哲，张筑音的大哥代表张家答应了他的婚约日期，袁哲的心像飞了一样。就这样，张筑音和袁哲定在六月去重庆举行婚礼。

听到大哥对自己婚事的安排，张筑音心乱如麻，她不是不同意结婚，而是要远去重庆，那是一个让她感觉遥远而又陌生的城市。听说重庆这个名字，也只是从好友廖学茂的书信。

一九三九年初夏的一天，二十三岁的张筑音带着好奇和美好憧憬第一次到了重庆，见到了袁哲说的牵线人——潘公展，却忘了自己是怎么去的。只记得坐了一天一夜的火车，第二天中午到了重庆住处，潘公展在早已在会所等候。

张筑音看见会所门前站着几个人，中间一个最显眼，高个，身穿灰色西装，戴着黑边圆形眼镜，细眉、长脸，皮肤很细腻洁净，四十几岁模样，想必他就是潘公展。

身边还有一位身材小巧的清瘦女子，短发，蓝色小碎花长袖旗袍，化着淡淡的妆。远远望去，有点弱不禁风的味道。特别是她一双深邃的眼睛，平淡中又似有淡淡的忧伤。这个女子应该是潘公展的夫人吧。从外形看，这样的女人和她的身份似乎有点不相吻合。

看到风尘仆仆的袁哲，潘公展连说："辛苦了。"抬头见袁哲后面的张筑音，他大笑道："你小子眼光不低啊，找了这么漂亮的女子。"

潘公展的夫人看见身穿浅蓝色衣裙的张筑音羞红了脸，伸出清瘦的双手拉着张筑音的手臂，微笑着对袁哲说："公为啊，找这么漂亮的太太，这可是你的福气啊。"

袁哲傻笑着看了看张筑音，然后对他们说："你们久等了吧？"

"哪里，没有。来，进去吃饭吧。"

潘公展引着他们穿过大厅，走进了一个铺有枣红色地毯的房间，正中是一个大圆桌，桌上摆着丰盛的菜肴。

从不喝酒的张筑音那天也端了一下玻璃杯，第一次尝了一下红酒。

桌上听他们说，婚礼的一些相关事宜潘公展已安排，后天就在这个大厅内举行。晚上，潘公展带着袁哲和友人闲聊，潘公展的夫人带着张筑音在公馆闲逛拉家常。走进潘夫人的房子，张筑音发现墙壁上挂着不少书画作品，一问才知道，原来是他们夫妻的杰作。

潘公展喜欢书法，工作之余就喜欢画画写字，而且也有一定的成绩，听他夫人说，他的书法作品参加比赛还得过奖。

夫人偶尔也在家模仿练习画画，她的书房内正中是一张长方形的桌子，上面摆着笔墨纸砚，还有一幅未完成的山水练习。张筑音这才知道，难怪潘公展写给袁哲的书信，字迹飘逸，起笔刚劲有力，笔尾俊秀圆润，让人感觉漂亮。潘公展虽然人在仕途身居要职，但是夫人却只有一个，除了他夫人唐冠玉家境好之外，还有他们夫妻有共同的兴趣爱好——书画。

从书房走出来，张筑音看见袁哲正从这边走来，四处寻找她。看见她，他笑了。爱情使人忘记了人世间的所有，时间也使人忘记一路的经历。那一夜的重庆，是个不眠之城。

半夜，窗外的灯光依然闪烁，楼道处清脆的脚步声也似是一个个单调的音符。楼下偶尔也还有汽车的喇叭声和歌声，琴韵靡靡，这让张筑音想起了在长沙读书时，街道茶楼里清丽委婉的琵琶曲，韵味悠长的味道，总是让人免不了要停下来听几句。

清晨起来，推开窗，远处的山一片朦胧，轻纱薄雾笼罩，而云雾又随风起舞，变幻无穷，拉起了一道薄薄的轻纱，迷离的虚幻绰影，让人看不清山的模样，墨黛点点。山脉突兀，河水清澈，整个窗外的风景宛如山水画一样，半遮涩容，欲语还休。凝重而又氤氲的风景，好似雾化之笔，只是没有江南的温婉和空灵。树上的枝叶上，似有雨水轻吻过，有点潮湿。

遥看重庆，那一片遥远的天空，掩映在灰白色的云雾中。对于张筑音来说，这该是个陌生的地方，但有袁哲在，她没有孤单感。她依旧能闻到泥土的馥郁芬芳，听到花草在滋生蔓延的低吟。

在自然与清新之间，退去繁华，抛开尘世的纷杂，有爱就好。

张筑音来的时候，蓝田正在淅淅沥沥的下着雨，迷蒙晶莹的雨点落在她的青丝上，当时她眼角的余光看见身边的袁哲悄无声息地在空中摸了一下，那温柔的手在她身后，带着几分疼惜。一路车程颠簸，让张筑音感觉有些疲倦，偶尔靠着袁哲的肩膀睡着了。身边的袁哲默默地守护着，生怕惊动了她。

或许，爱就是默默地彼此付出吧。一个女子，身边能有一个深爱的男人为自己遮风挡雨，无怨无悔，这或许是上天的恩赐。

婚礼那天，袁哲穿着一套雪白的西服，闪亮的黑皮鞋，人越发的英俊潇洒。张筑音在潘夫人的妆扮下，粉妆玉砌，如花娇媚。显得格外漂亮。

主持人潘公展一身蓝色条纹西服，神采奕奕。当时，陈立夫穿着赭石色长袍带着一群人送来了一个很大的花篮，其中有很多是文艺界和教育界知名人士。当时人太多，陈立夫吃了饭就走了，和张筑音匆匆擦肩而过，彼此都没什么印象。只记得陈立夫那天似乎喝了一点酒，在桌上拍了拍潘公展的肩膀说："你推荐的这个人是我们教育界的人才啊。"

潘公展在主持词里夸袁哲和张筑音是郎才女貌，天作之合。啧啧称奇声中，袁哲含情脉脉地望着她，在她耳边悄悄地说了三个字：我爱你。听到自己心爱的人对自己深情的表白，让张筑音的小心脏都快跳出来了。这样的心境与现场的掌声融为一体，说不出来的激动和浪漫。张筑音悄悄地把这一切写进了自己的日记里，也铭刻在自己的心头。把爱写在心里，无怨无悔，成为她最美的背景。紧接着是嘉宾上台祝福，让这场婚礼显得格外热闹，直到下午三点才散去。

酒席快散时，张筑音和袁哲送客回来，看见还有一个三十岁出头，面容俊秀，身材魁伟，神情举止洒脱不拘的男子和媒体记者在说笑。两人就坐在了他们那一桌，等记者都散了，那个年轻人在门前拍了拍袁哲的肩膀说："公为兄，你幸福，娶到这么漂亮的夫人。赶明儿我也想去湖南看看，那是个什么地方？"

"好啊，我们学校正需要你这样的人才。"

就这样的对话，让张筑音记住了。等他们走之后，张筑音低声问袁哲："这个人好年轻，是谁啊？"

袁哲说："这个人是重庆中央日报社的储安平，刚从英国回来不久，是报社主笔。"

张筑音接着说："看起来好年轻。"

"人家本来就年纪不大，再加上长得帅，越发受看了。"袁哲笑着拉着她的手，两人回到住处。

结婚后的第二天，她刚起来梳头，袁哲就把一个钥匙的环在她眼前摇晃，还笑着对她说："这是我的全部，送给你。"

张筑音笑着说："这是把你交给我？"

袁哲呵呵笑："算是一个承诺吧。我锁着你的心，你扣着我的窗。收好并要管好哟。"

张筑音含羞说着："记得《淮南子·泛论》里有一句'梁由靡扣缪公之骖'，那可是扣住马儿哟。"

袁哲温柔地说："我愿意让你紧扣着。"

......

那一夜，张筑音在日记里把这个钥匙环取名为相思扣。

爱，是一种力量，在时间和事实面前，往往一个简单的表白，足够可以洗白所有的不快，瞬间抵达幸福的彼岸，延续不离不弃的传奇，一笔一笔勾勒白发苍苍的画面。

结婚第三天，袁哲原打算就在重庆住几天之后回湖南蓝田，潘公展提议他们去的时候坐的是火车，回去就坐坐轮船，可以来一个蜜月旅行。故此，袁哲带着张筑音坐上长江三峡的轮船头等舱。

那几天，蔚蓝的天空下，人在船头坐，船在水中行，梦在云中轻舞霓裳，心在快乐地游。长江三峡的河水缓缓流淌，碧波荡漾，使得整个江面就像是天上撒落下来的碎银，在眼前涌动。山是千般妩媚，水是万种风情。湖光山色，相得益彰。

一路上，群山含黛，层峦叠嶂天上飘逸的白云怎么看，都像是一个温润的白玉环。是环形的吗？怎么看都像是她手心里的一个扣呢？

越过巍巍的青山和湿润的田野，任凭风在耳边轻轻的吹，温柔地在脸上摩娑着，化作热辣的昵语。闭上眼，满世界都沐浴着爱的阳光，星星点点，都缓缓地潜入万籁无声之中，醉倒在江南温馨的晚风里。

一九三九年正值日军疯狂地抢占大江南北时，而他们乘坐的船躲过了敌人的炸弹，让夫妻两人平安地回到了蓝田。踩着幸福的脚步，手牵着手漫过青桥石板，巧笑嫣然，引得行人纷纷驻足。

张筑音后来再次遇见潘公展，是后来袁哲到复旦大学工作时，潘公展一个人到家里过几回，看见袁哲的小儿子袁道之还在张筑音怀里，不方便做饭，就邀请袁哲全家到外面吃饭。和张筑音慢慢也就成了熟人，偶尔捎带一些潘夫人给袁哲孩子们送的小礼物。

【14】会炖鸡汤的才子——钱钟书的厨艺

一九三九年秋，托清风的祝福，带着甜美的爱情，张筑音跟随袁哲从重庆回来，去了他老家浙江诸暨双桥游山玩水，在老家住了半个月之后，跟随袁哲回到了蓝田。

九月十日清晨，钱基博准备出门时，在教师宿舍区门口看见手牵着手的一对人儿慢慢走来，便靠着平房前的廊柱向宿舍区大声喊道："快来看啊，绝配回来了。"一声吆喝，让平房内的老师们都打开了房门，走出来笑着望着他们，说他们是国立师范学校里第一对新人，要好好闹一番。看见大家笑眯眯的样，张筑音羞红了脸，只好低着头连连点头向大家问好，不敢抬头看。只是听见袁哲笑着和大家打招呼，牵着她的手走进宿舍。跟随袁哲住进了南边的李园内，住进了自己的浪漫新家。所谓的新家，只不过是袁哲的宿舍，不过，即便是简陋，但空气里充满了醉人的甜蜜。

第二天，袁哲在食堂里办了几桌酒席，招待教授和亲戚朋友，并把从重庆带来的一大包米糖分给孩子们。酒席上，张筑音发现钱基博身边坐着一个陌生的年轻人，个子不算高，但是身材魁梧，五官线条柔和，戴着一副眼镜，听钱基博介绍，这是他儿子钱钟书。袁哲接着向张筑音说：钱先生的长子钱钟书先生从清华大学外国语文系毕业就在上海光华大学任教。一九三五年，钱钟书与杨绛结婚后去英国牛津大学艾克赛特学院英文系留学，一九三七年获牛津大学艾克赛特学院学士学位，随妻子杨绛赴法国巴黎大学从事研究，并有一个可爱的女儿钱瑗。一九三八年秋被清华大学聘为教授，这学期是被钱基博叫回来，来国立蓝田师范学院任教，在国立师范学院任英语系主任，组建英语系，兼顾照料钱基博。毕竟国立师范学校创建，需要招聘老师。听了袁哲的介绍，张筑音顿时惊叹，钱老一家真不愧是书香世家。

张筑音和袁哲结婚后，廖校长听说他们是新婚夫妻，就让她搬到南面去住。但家里有什么好吃的，张筑音都不忘让袁哲把大家叫来一起分享。特别是从重庆带回来好吃的，张筑音就在吃饭时分给大家。那个年代，能吃上一次炖菜也就很不错了。生活虽苦，日子很单调，但是大家一起谈古论今，过得很开心。

在简单的新家，每天张筑音都是满脸春风，洋溢着幸福。更让她开心的是和钱基博一家人相隔不远。每天除了忙完家务外，她喜欢去钱家转转，向钱基博求教文学创作问题。因为和钱基博比较熟悉，一个月的来往，让张筑音逐渐也就和钱钟书夫妻熟了一些。钱老向来重德才兼备，对于勤学苦研的湖南人更是器重，为此，偶尔也在张筑音家坐坐，和她说说湖南的地域文化和风土人情。由于袁哲是国立师范学院第一个结婚的人，所以学校也热闹了几天。

一九三九年十月七日，天气晴朗，风轻云淡，国立师范学院组织师生进行了一场体育竞技活动，下午五点散场，经过紧张的比赛，老师们都一身轻松，各自娱乐。袁哲带着几个年轻人有说有笑地从远处走来，看架势，是来家里吃饭的。张筑音立马到走廊尽头的厨房忙碌，去准备饭菜。她一边忙碌，一边暗暗在心里庆幸，今日早上她在附近的镇上看见有新鲜的蔬菜和鱼，就多买了一些。要不然，还真不知道做什么。

等她从厨房出来，房间里好像又多了几个人，袁哲和他们正说得热闹。她定眼一看，钱钟书也在里面。大伙正围着家里唯一的一张桌子坐着，意思是等着饭菜上桌。等张筑音把做好的饭菜端在桌上，大家都边吃边聊。说到尽兴时，有人倒拿着筷子使劲地敲打着桌子，还有人拍着桌子。张筑音仔细听了一下，都在说着当前的战事局面，谈论着如今的教育现象。等他们散去，张筑音收拾桌子发现，有一双筷子的一头已经被人敲打断裂了。她拿起筷子仔细地看了看，一旁帮助她收拾残局的袁哲无意看到了，笑着说："不用看，这准是钱钟书无意敲破的。"张筑音扭头看了他一眼，惊奇地问："你咋知道？"袁哲笑了笑，说："前不久他和几个年轻老师去学校附近的人家吃饭闲聊，他的手杖把人家的蚊帐都戳破了，惹得人家跟着他赶。"听了这话，张筑音忍不住哈哈大笑。她这才知道，钱钟书还有这么一个习惯，和人说到有兴致时，就喜欢用手拿东西敲打。

第二天，钱钟书经过她家门前时，特意看了看她家的桌子，张筑音在一旁看到了，悄悄地笑了。然后在后面说着："桌子没事，筷子承担了。"听到后面的声音，钱钟书扭头看了看，俯首笑了，走了。

看见一对博学多才的父子同时任教，儿子风度翩翩，是学校里衣着最讲究的年轻教授，父亲却是一身长褂，对于这样的一对父子，她很是好奇。其实这是钱氏父子第二次在同一所学校就职（第一次在光华大学），也是钱钟书一生中最后一次长时间照料父亲。

慢慢地，张筑音发现，这个不到三十岁的年轻教授工作之余潜心苦读，足不出户。能看见他的，多数是晚饭后。他喜欢吃了晚饭，和老师们一起坐在门前闲聊。一旦说到当时政局，沉默的他立马就容光焕发，口若悬河，滔滔不绝，大有他父亲钱基博的风采。听说他上起课来也是妙语连珠，其神气、风度，让学生们崇拜得五体投地。只不过生活中，他多数都是沉默寡言。

记得有一次在院中吃晚饭，大家围着桌子边吃边聊，气氛很好。当钱老问到学校教学工作安置如何、教师职位安排问题时，袁哲就说："目前还需要一个教导主任。"

钱基博说："最好就在现有教师中选一个，这样便于安排课程。"

袁哲说："教导主任工作比老师要重一点，多数都是一些琐碎小事，就是不知道老师愿不愿意。"

正在低头吃饭的钱钟书轻轻地插一句说："我可以试试。"

语音不高，但是干净利落，很有力度。

袁哲一听，正要说好的时候，钱基博扬起头，恶狠狠地大声说道："你以为读了几天洋文就了不起了。比你学问高的人多得是，还轮不到你！"

把正在吃饭的张筑音吓了一跳，刹时桌面上鸦雀无声。

袁哲连忙说："钱老，我看钱先生最好，正合我意。"

"他还要虚心学，现在不行！"

就因为钱基博的这句话，钱钟书在国立师范学校再也没有提出任何申请了。

第一次感觉到钱基博对孩子的要求竟然如此苛刻，这个场景让人记忆深刻。

当时学校图书馆重金收到一批好书，张筑音很是高兴。每次拿着书本去请教钱老时，钱基博老先生多数都是端坐在大书案前，一边翻阅厚厚的书籍，一边在日记本上写着什么（注：当时钱基博正在编撰中国文学史）。他的儿子钱钟书也很少出门，就在隔壁的书房埋头苦读。除此之外，张筑音常看见的，只有杨绛带着两岁的钱瑗在院子内走动。第一次见到杨绛，张筑音就觉得这个带着娴静之味、淑然之气的女子和众人不一样。但因彼此不太熟，也只是相互浅浅一笑，算是招呼。

李园寂静的夏天，绿树成荫，花蝶娇慵柔弱，相惜。宿舍区繁花映着晴空，老师们清晨总是被欢快清脆的鸟鸣惊醒。推开窗，天外就会飘来含着花草味道的风，让人心旷神怡。

张筑音带着七岁儿子袁道先买菜回来，经过钱基博宿舍门前时，阳光透过树枝，正斜照在钱老的书房窗上。杨绛牵着钱瑗在门前花池指认花花草草，她这才听见杨绛说话，声音很轻很柔，语速不快不慢，让人听了感觉舒服。于美丽温婉的张筑音眼中，温文尔雅的杨绛宁静和朴实，眉眼让人感觉从容、淡定，特别是她嘴角那一抹浅浅的笑，恰似静静绽放的百合，有一种淡淡的持久的清香。

过了不多时，正在房间教儿子看书的张筑音闻到了一股浓郁的鸡汤香味，和着正午的宁静随风散开。抬头望去，窗户那边闪现着人影。穿着西装，戴着眼镜，不多说话的钱钟书正在灶台忙碌，估计他又在为钱老炖鸡。听他和袁哲说过，他最拿手的菜就是能炖一钵好鸡汤。是他在国外为了照顾刚生孩子的杨绛而学会的手艺。在蓝田教工宿舍区，这一幕张筑音经常看见。

和钱钟书、钱基博住一起，张筑音发现，外表看似淡然的钱钟书对自己的父亲钱基博很是关心，特别在生活方面，是名副其实的大孝子。每周他都会为钱基博炖鸡汤，鸡汤色美味佳，十里飘香。他的厨艺如何不知道，只是大家都知道他最为拿手的怕也就是炖鸡汤了。只要他炖了鸡汤，踏进教工宿舍，大家就能闻到浓浓的鸡肉鲜味。味道浓而不腻，香而嫩，让人想流口水。

十一月十五日中午，张筑音准备去给周南中学读书的女儿送点她自己腌制的甜萝卜丝，经过钱基博的书房，钱老的窗开着，张筑音看见钱老坐在一把破旧的藤椅上，戴着眼镜正在看书，拐杖靠在身边。

扭头的瞬间，一个弯曲的身影擦过眼眸，透过窗子，她凝神一看，钱钟书正手捧着一碗淡黄色的汤，小心翼翼地走进，放在桌子上，然后用汤勺轻轻地划着，散发热气。只见钱老头也没抬，对他说："先放在这里，你去忙你自己的吧。"

"呃，没事，等你喝了，我再端出去。"钱钟书站在一旁，轻声地回答。钱老听了，放下书，看了看碗，拿过钱钟书手中的汤勺，低头喝了一小口。钱钟书拿起桌子上的纸扇在一边轻轻地、轻轻地扇动着。那动作，很轻很柔。似乎生怕惊扰了谁。父子两人的画面，让张筑音感动，此时的钱钟书，就是一个细心温情的儿子。

十一月底，袁哲提议，决定在国师附中举办英语比赛，提高英语学习氛围，同时也为了宣传师范学校刚成立的英语专业。为了烘托气氛，提高此次比赛的水准，他邀请了汪西林、储安平、钱钟书三人做评委。张筑音去看比赛时，看见评委席上钱钟书常常是默无一言，只是静静地聆听，比赛后，和选手交流，口若悬河，时不时还及时更正口语错误，和赛前判若两人。张筑音一边听，一边仔细观察钱钟书的口型，有时也忍不住在一旁插嘴、询问，一场比赛下来，让张筑音的英语也有了提高。

一场英语比赛结束，不知道什么时候教工宿舍区又多了一个常常出入的湖南长沙人，是个刚考入国立师范学院国文系的学生石声淮，常请教钱老，对钱基博日常生活也是照顾有加，故此张筑音对他也是颇为熟悉。此人其貌不扬，一双斗鸡眼，一个鹰钩鼻，一张手掌宽的脸，一缕长发斜斜地遮住半只眼睛；蓝布长衫的前襟似乎还有一块块的渍印。在西装革履的留洋教师面前，显得有点邋遢不堪。钱老偶尔对来向他请教的张筑音提及石声淮说，别看这年轻人其貌不扬，他古典文学修养很好，记忆力强，擅长背诵经典，模仿我文章风格可以以假乱真。被国文系的学生称为"活字典""活辞海"。钱老深思了一会儿，又意味深长地说了一句："诸生之中，性行特类我！"

基于张筑音对钱老的了解，她知道，在钱老心目中，这位偏僻地方来的湖南学生，既没有像自己两个儿子一样出国留过学，也没有读更高的学位，却才华横溢。不仅仅擅长国文，饱读诗书，无所不知，还精通英文、德文和声乐、绘画。他的钢琴和素描在国立师范学校是出了名的好。这不得不让钱老赏识，便让他以学生身份兼任助教，和袁哲、钱钟书等教师共事。对于这个学生，张筑音除了佩服他的才学外，感觉他大有清高幽野之态。

江南地域博大，政治、经济、文化重心皆聚在以江、浙一带，使得这里文化氛围浓厚，文化教育繁盛，人才辈出。大师之所以知识渊博，收获累累，这与这群人本身素质相关。中国自古以来就推崇有学识的人，对于知识分子的敬仰也是老百姓的一种渴望求知的体现。受中国传统文化熏染的人，言谈举止必散发浓浓的儒雅气息，这种气质成为多数人视觉评判一个人是否有修养的一个因素。不过，知识分子也是普通人，也需要生活。只是张筑音没想到，后来钱老坚持让漂亮的女儿与国师首届毕业生石声淮订婚。为了这场婚约，钱基博还特编撰《金玉缘谱》一册，上面写着两个人的因缘点滴，权当证婚书，石印百部，贻送国师师生及亲友。

一九四一年六月，钱钟书回到上海，钱老在湖南八年中，钱钟书夫妻在国立师范学校陪伴过两年多，在国立师范学校教职工心目中是公认的才子兼孝子。七月，钱基博唯一的女儿钱钟霞随钱基博的二儿子钱钟纬一家由上海来到国立师范学院，接替哥哥钱钟书照顾父亲。钱钟霞容貌端丽，身材高挑，楚楚动人，而且很喜欢看书。对这样的邻居，张筑音很是喜欢。张筑音看见她每天帮助钱老提着公文包，搀扶钱老去上课后，就在教室外面静静地聆听。回来后，和张筑音谈论最多的，也就是她们共同的爱好——文学。后来，钱钟书在国立师范学校两年写的小说《围城》出版之后，张筑音特意收藏了一本，至今还在。

【15】诗歌里的爱情——姚蓬子来做客

结婚后的日子，张筑音每天除了柴米油盐酱醋茶和带孩子之外，就是看看书，日子过得很是安静快乐。每天早上目送袁哲出门，转身和孩子一起说话、做饭，直到夕阳夕下，等着爱人回家，这是一种人人都喜欢并羡慕的浪漫。清爽的天气里，坐在家门口的椅子上，和孩子喝茶聊天。晚霞中，她牵着孩子，他牵着她的手，浅笑，深凝眸，轻盈的脚印拉长了三个人的影子，洒在那条平坦的泥泞小路上。日子越长，看似都是琐碎的事情和无趣的对话组合，却越想越耐人品味！

生活在学校，就是两点一线的生活节奏，日子看似简单而无趣。但是张筑音却觉得，每一天都有不一样色彩和收获。钻进浩如烟海的书籍里，如鱼儿进入了大海，忘记了时间的流逝。也就是在这样的环境里，越发激活了张筑音对文学创作的兴趣，从而一直坚持读书写字。

特别每次廖校长从门前经过或者是和袁哲说事之后，张筑音都会拿出自己偶尔写的一阕词让他们看看，指点指点。她对词曲有兴趣，所以偶尔也学学宋人，填填词。学校的人才越来越多，和大师们接触多了，彼此也就逐渐熟悉了。有什么问题，张筑音就直接当面请教，没有陌生感和羞涩了。时刻和大师们在一起交流，为她后来进行小说创作也打下了坚实基础。

惟楚有才，湘女不逊，成了廖世承对张筑音的评价。而朴实无华的廖世承也让张筑音感受到一个学者的风范，是个"望之俨然、即之也温"的谦谦君子，很敬重这位一心为教育的学者。后来，遇见张筑音，廖世承又要她拿起笔，试试给报刊撰稿。有时在和袁哲吃饭谈论到文章话题时，他也不忘补一句："她有才情，文笔优美，很有浪漫情趣，你可以多鼓励鼓励她写写文章，应该不错的。"廖世承这些很随意的话看似是温馨建议，其实是对张筑音最大的鼓励和努力的认可，使得张筑音从没有放弃过学习。

十月初，袁哲的同学从英国留学归来，送来一包哥伦比亚的咖啡糖作为贺礼。张筑音对于咖啡，不太喜欢喝，觉得味太重。这包糖她吃了两颗以后，就一直留着。袁哲问她为何不吃？

她笑着说："吃了两颗，足够了。你一颗，我一颗。"

袁哲哈哈哈一笑："好甜。"

"糖是很甜。"

袁哲笑着说："糖甜，话也甜。"

"我啥时候说甜话了？"张筑音疑惑了。

"你这不是吃糖，吃的是两颗定心丸啊。好。就吃两颗足矣！"

……

生活不是童话，每一份长久的爱情背后，终究不过是一份淡泊心境和一点简约情怀为基础，用温婉演绎锅碗瓢盆奏出的交响曲，滋润生活的每一个点滴，即便是粗茶淡饭，也是蕴含着甜言和蜜语，是人心底感觉最舒服的事情和最美的日子，花开最灿烂之时。张筑音所喜欢的，也不过是这些。身边有个深爱自己并且自己深爱的人陪伴，一起走过诗意人生。或许，这也是每一个文艺青年都向往的。张筑音真心希望，愿所有人都能如她那般幸运，在岁月的风云变幻里，遇见相爱之人。

袁哲和张筑音的家庭生活清淡安静，彼此倒是很喜欢这样。1939年10月中旬，家里第一次来了客人，打破了一家三口的悠闲。此人是在重庆任职于国民政府军事委员会政治部的姚蓬子，袁哲的好友。他来时，袁哲一家三口正在低着头坐在桌子边吃午饭，门敞开着。姚蓬子一身西服，笑嘻嘻地走了进来，低头看着他们桌子上的菜说："新婚生活还是幸福吧。"把正在吃饭的三人吓一跳，不约而同端起饭碗扬起头，袁哲一看，立马站起来说道："哎呀，是裸人兄啊。"

"哈哈，想不到吧。"他拍了怕袁哲的肩膀说。

"真的没想到，你居然找到这里来了。"

"公为兄，你结婚我怎么能不到呢？"姚蓬子扬着眉毛喜气洋洋地望着袁哲。袁哲立马扭头对端着饭碗站着望着他们俩的张筑音说："筑音，这位是姚蓬子先生，是我老乡。他是浙江诸暨姚公埠的，和浙江诸暨双桥相隔不远。"张筑音笑着对他点点头，然后放下饭碗，去倒茶。姚蓬子把手里的藤木皮箱放在窗台附近的写字桌上，便打开边说："公为兄，你结婚我也没赶上，没看见你们结婚场景，今天特意来祝贺。"

"我去的时候，听储安平说了，知道你出差，其实你没必要特意跑来的"。

"那怎么行，你我是兄弟，哥哥结婚，弟弟不到，谁也说不过去。"边说边从藤木箱子里拿出两包东西，转身放在餐桌上，对着一脸懵懂的袁道先说："小家伙，给你好吃的。"袁道先趴过来仔细一看，欣喜地叫着："爸爸，爸爸，是米花糖，米花糖。"

张筑音从厨房走来，给姚蓬子端了一杯热茶，笑着看了看孩子，眯着眼睛对袁哲说："看把他乐得。"

"谢谢你。"袁哲对姚蓬子连声道谢。

"谢什么谢，只要小家伙喜欢就好。"

接着他把另一包送给张筑音，望着张筑音笑着说："嫂夫人刚进门，我也没啥礼物，就送她一段重庆布料，也不知道中不中意。"张筑音接过包裹，不好意思望着袁哲，袁哲看看她，对姚蓬子说："感谢，真受不起。你大老远专程从重庆来这里。"

"什么受不受得起的，我这是省亲。"姚蓬子说完就低着头看了看餐桌，说："正好，赶上吃饭了。"

"哎呀，我去再做点菜。"张筑音连忙放下包裹，走进厨房。

"不用了，就这样吃吧。"姚蓬子看了看桌上的菜，望着张筑音的身影喊着。

"那不行，你就让她去做。我们也好说说话。"袁哲拉姚蓬子坐下，两人先聊着。等张筑音再出来，袁哲给姚蓬子一双筷子，说："快尝尝我家女主人做的菜。"两人边说边低着头盯着张筑音端来的菜仔细看，姚蓬子叫着："哎呀，我今天真有口福，这可是老家的干货啊。"

袁哲凝神一看，抬头望着姚蓬子说："看来我家筑音今天是特意为你做的。这是我们结婚回老家，我哥哥嫂子送的。"

姚蓬子忍不住拿起筷子夹了一个干牡蛎细细咀嚼，然后若有所思地说："这味道不错，用辣椒和青菜根炒，有辣味，也有青菜香，还有牡蛎肉。"

张筑音不好意思，忙解释说："干的，我就用热水泡了一下，怕有腥味，就用辣椒压一压。""不错，这样做很好吃。"姚蓬子连连点头。

袁哲半信半疑，吃了一点，慢慢品味，抬头对张筑音说："筑音啊，你这个做法还真的很特别。味道还真的不一样。"

"这叫发明。"姚蓬子抬头看了看袁哲，一边偷偷朝张筑音竖起大拇指。张筑音看见了，羞答答地低下头，偷偷笑了。

那一次，姚蓬子在这里吃过中饭之后，和袁哲闲聊了一会儿，下午急匆匆地赶车回去了。来去匆匆，也没过多的说什么。张筑音把他送的那段重庆布料给在周南女中读书的女儿做了一套衣服，剩余的给儿子袁道先做了一个书包。后来夫妻无意说起姚蓬子，张筑音听说他翻译出版过不少书籍，其中有她喜欢的《屠格涅夫散文选萃》，对此人印象也就深了一点。不过，一直没遇到。

一九四六年，姚蓬子举家迁回上海，开办作家书屋，并在静安寺附近买下一套新建的住房，邀请袁哲一家去做客。

那天是周末，袁哲的大儿子和女儿去读书了，张筑音就抱着小儿子跟随袁哲坐车去了。刚下车，进门就是一个花园，花坛里两端种了两棵枝繁叶茂的桂花树，树上开满了金黄色的花，一簇簇，有白的、黄色、淡黄的。一阵微风拂过，花儿频频点头，有的在枝头跳跃，有的在空中旋转，翩然落下。随即一股清香飘然而至，沁入心脾，为这个院子增添了一道亮丽的风景。

张筑音看见姚蓬子西装革履和他太太周修文站在花园中间的水路大道上，姚太太一身墨绿色旗袍，看见张筑音，笑着说："真想不到，袁太太这么年轻漂亮。"姚蓬子引他们进院子，边走边望着袁哲说："公为兄看上的人，那还有话说？"张筑音边走边观察这个有大院子并带有欧式韵味的楼房，姚夫人看她四处打量，就靠着她边走边介绍房子的整个设计和布置。那天姚蓬子家客人不多，多数都是张筑音不认识的，不过说着说着也就不陌生了，大家就坐在宽敞的客厅里的沙发上闲聊。

张筑音不太爱热闹，就在客厅和书房之间的走廊里带孩子，偶尔斜倚走廊上的窗户看外面的风景，这时姚夫人走来，看见了，对张筑音说："里面太闹了，你不习惯吧？"

张筑音笑了笑，牵着孩子的手走到窗户边，迎面吹来一阵风，树叶一片片，像一只只美丽的蝴蝶，迈着轻盈的脚步，在窗前轻舞飞扬着，接着就能听风踩在树叶上沙沙地响的声音，有高有低，像是一首浪漫的小夜曲。姚太太说："这里风大，别让孩子感冒了，你们到书房坐坐吧，里面也有孩子喜欢看的图画书。"说完就让张筑音放下孩子，拉着到书房里去坐坐。

书房很大，一面是高大的朱红色书柜，里面摆满了书籍。一面是一排沙发。中间是一面落地窗，正对着门。看张筑音和孩子走坐在沙发上了，姚太太就对张筑音说："袁太太就在这里和孩子一起，我去招呼其他客人。"张筑音点点头，看着她走出门，到大厅里去。

张筑音站起身，走到书柜前，隔着玻璃看看里面是什么书。除了她在私塾里读过的一些书，还有就是包装设计很有风味的外国小说。她很想打开看看，但是考虑到不礼貌，只好作罢。所幸这时姚蓬子带着袁哲走到书房，看见她，笑着问："怎么，夫人喜欢这些？"张筑音红了脸，点了点头。袁哲接着说："筑音啊，最喜欢的怕就是书了。"听袁哲这么一说，姚蓬子张大眼睛，对袁哲说："你还真有眼光，找了一个漂亮的才女。"袁哲笑了，深情地望着羞红了脸的张筑音温柔地说："我现在就担心她嫁给我是为了书呢。"

"哈哈哈哈，你这是担心她看上的是你的才，不是你的人。"姚蓬子望着张筑音笑开了嘴。张筑音羞得脸更红了，头低的更下了。

那一次，姚蓬子听袁哲说张筑音很喜欢文学，很高兴，就给张筑音送了一本他翻译的《屠格涅夫散文选萃》，张筑音乐开了花。以前张筑音只看过丰子恺送的屠格涅夫的《猎人笔记》，就让她受益匪浅。这本书的文风使她在文学创作上有了一些改变，开始有了诗意的语言。

特别是里面一些充满诗情画意的诗歌，看似随意，却描绘逼真，让张筑音感受到诗歌的美，还没接触过屠格涅夫脍炙人口的其他散文。看了这本书后，张筑音才知道屠格涅夫的作品题材多种多样，思想内容也十分丰富，这让爱好文学的她宛如鱼儿掉进了大海，那是一个畅快。

而袁哲和姚蓬子两家人也就此有了往来，只是张筑音那时需要在家照顾孩子，故此很少遇到。不过，偶尔等姚蓬子到家里做客，张筑音没放过请教这位中文教授的机会。特别是关于屠格涅夫的作品，她也模仿其风格写了首诗歌，希望姚蓬子能指点指点。

姚蓬子翻开一下，是一首现代诗歌："冬天走了，春天来了，大自然簇拥着小鸟，站在阳光里，叽叽喳喳。一双寂寥而深邃的眼睛啊，穿越古老的城市，带着一抹明媚的绿色，装点岁月里的年华。墙角红艳艳的美人蕉，好似你的脸颊，羞答答。熏风拂送，漫天飞卷的柳芽，让云儿低下了头，让月儿挂在了树梢，一半在水里，一半在天边，好似你晶莹剔透的泪花。"

姚蓬子说："这首诗歌风格婉约，语淡情深，句句朴实。开篇破空而起，形容人生之短。结尾手法精妙，情感深处伤自溢，流露出人性弱点，增添了浓重的感伤之情。很有浪漫味道。里面的一些字句既有徐志摩的风格，也有屠格涅夫的影子。"听到大师的解读，张筑音笑了。

是的，她喜欢屠格涅夫那唯美空灵的句子，喜欢用白描手法，在简单中创设美的景象。喜欢通过细节极细微地刻画来表达人物情感，侧重人的动作与情态。她喜欢那些看似淡薄、委婉的字句，经过各种表现手法的打磨，能让人留下深刻而难忘的感觉。这样的文字，需要作者的感悟和灵性，更需要作者自身的文化沉淀。

对于她这些喜欢，袁哲是默默的支持和认可。

既为交流，姚蓬子也把自己写的一首《我愿我的心是一条可爱的小径》给袁哲和张筑音看。张筑音记住了他诗中的最后几句："我愿我的心是一条可爱的小径，绿茸茸地，嫩草如鸭绒般诱人。让她一步一歌地低徊在我的心上吧，或者似疯疯地颠跳着吧。只要她的足趾一个个地践踏在心窝上，正如乐师的手指按动着披霞娜的琴键啊，胜利的歌音迸散在我心窍了——在她足下留下黄金似的爱情之印痕了。"当时袁哲看了看，沉思许久，抬头说了一句："有关爱的描绘，总是最美好的。诗歌里的爱情，更是童话。梦想中的爱与现实的爱有天壤之别。"张筑音说："生活中，也有诗歌般精致的日子，一缕爱情的诗魂，穿透时空，细水长流。"袁哲调皮地眨着眼睛盯着她笑着问："你的爱情也在诗歌里吗？"张筑音笑而不答。

那一夜，她悄悄地在自己的日记本上写下了这样的话语："我们一路走来，风风雨雨，都在爱的小径里。你的眉，你的笑，成了我飞扬的裙角。我的青丝、我的眸，是你燃烧的火苗。你牵着我，我拉着你，走过江南小桥。时光如水，佳期似梦。你是青砖绿瓦上飘逸的云，我是长生殿里不老的影。云影相惜，执手到老。"

【16】一条河流般的忧郁——储安平的出现

经学校工作计划安排，学校必须要新增了几个专业。其中就有历史专业，需要有专业的老师，在熟知世界历史的人当中，袁哲聘请储安平来学校任教。

一九三九年十二月底的一天中午，储安平穿着一身浅灰色西服，提着一个行李箱到了学校宿舍区，在一排平房前左看看、右看看，不知道哪间是袁哲家时，幸亏有教授从学校回来，他才站在袁哲家门前敲了敲门，门是虚掩的，张筑音带着孩子在桌子上看图画书，听到门外有声音，抬起头，看见一圆脸帅气的年轻人笑嘻嘻地站在外面，那个人看见张筑音，大声喊道："袁太太，我们又见面了。"

张筑音看了看他，修长的身材，丰润的脸，俊朗的五官，似曾熟悉，看张筑音一脸的疑惑，似是在思考，他笑着露出了雪白的牙齿，自我介绍："袁太太忘了，你们在重庆结婚时我们遇见的，我是《中央日报》的储安平。"

张筑音这才想起来，连忙请他进来坐。储安平把行李箱放在门的一角，巡视四周，望了望天花板，喃喃地说："这房子还是蛮干净的。"

　　"嗯，虽然看起来是旧了一点，但是大家住一起，还是蛮好的。"

　　"呵呵，我说了，想来看看，这不，真来了。"

　　"你这是来？"

　　"公为兄聘请来这里教书啊。"

　　"你先坐坐，我去做饭。公为等下就下课回来，你们再一起吃饭说话。"

　　张筑音招呼储安平在桌子前坐下，倒了一杯热茶，自己去厨房张罗。储安平和袁哲的儿子袁道先闲聊着。

　　过了一会儿，老远就听见袁哲的喊声："筑音，家里来客人吗？"

　　储安平听见了，自己推门而出，笑眯眯地站在门前，对着袁哲喊道："来了，来了，来重庆客人了。"

　　透过窗户，张筑音看见袁哲笑着小跑步走进来。

　　那一次，储安平算是正式到学校报到，安排储安平在湖南安化县蓝田国立师范学校教英国史和世界政治概论。等储安平离开，张筑音说："他看起来好活泼的。"袁哲说："他夫人更有个性呢。"听了这句话，张筑音不免对储安平的夫人有了一点好奇。

　　袁哲欣赏储安平的才能，为他举办各种演讲，听说他也是学校很活跃的一位老师，特别是在演讲方面，纵横捭阖，旁若无人，令人倾倒。他的文笔也好，在袁哲负责的中国国民党国立师范学院党部创办的《国立月刊》第一期开篇就是储安平写的《爱国之战》。

　　一九四〇年元月的一个黄昏，张筑音和袁哲在宿舍区的院子里散步，一抹淡淡的夕阳透过深灰色的薄云，给氤氲迷雾的大地撕扯出一点暖暖的意味，低低地压着大地。宿舍前几棵大树枯秃地站在那里，随着凛冽的风摇晃着，树枝狂舞，有点荒凉。一阵刺骨的风吹来，发出尖厉刺耳的呼啸，在袁哲的眼镜上覆盖了一层薄薄的灰尘，袁哲取下眼镜擦了擦，无意看见张筑音脖子上的围巾吹散了，搭在背后了，就站在她面前，把围巾从后面绕过来，并拉了拉她的棉衣衣领，这时只听见一阵脚步声从远而至，两人扭头一看，是储安平穿着棉袍揣着手气喘吁吁地跑来，边跑边说："哎呀，我这可是见识了童话里的爱情故事了。"张筑音不明就里，疑惑地盯着他："咋了？"

"公为兄，这么冷的天两个人还在散步，你说是不是浪漫的爱情故事？"

听了储安平的话，张筑音和袁哲相视一笑。袁哲问："大老远跑来，肯定有事。"

"算你聪明，还真有事。我现在正在整理我上课用的英国史和世界政治概论的讲稿，准备出版。在出版前，想让你先看看。"

"不错啊，好。正好也补补我的历史。"

"老公整理文稿，老婆出版销售，夫唱妇随。你们这才是恩爱。"张筑音忍不住插一句。

"哈哈，算是吧。恩爱，大家都是恩爱夫妻。"储安平张大嘴，伸手摸了摸头，望着他们灿烂的笑，满脸的喜悦和期待。

"那我装订下就给你。"说完又小跑步走了。

"安平，书名是什么？"袁哲看着他远去的背影，问道。

"《英国与印度》。"他的回答还在萧萧的寒风里回旋，人早就看不见踪影。

后来，袁哲把这书看完之后，觉得写得非常好，鼓励出版，并在学校发放。这本书激活了储安平对文字创作的巨大兴趣和能量，同时也让他们夫妻开始接触出版，夫妻俩合办了一家"袖珍书店"，端木露西有空就去看店，储安平在家里开始撰写《英国采风录》《英人法人中国人》两本书。没有人能够随随便便成功，人生道路上布满荆棘，为了这两本书，储安平长时间泡在学校的图书馆里，很少来串门，张筑音偶尔碰到，也只是在图书馆那条路上。端木露西有空就来坐坐，和张筑音拉拉家常，说说孩子。两家人各自忙碌着。

一九四一年，袁哲和张筑音调到中山大学，和储安平夫妻分开了。储安平送他们到了火车站，在袁哲夫妇上车时说："公为兄，后会有期。"张筑音笑了说："难道你们还会相遇？"

"那也是说不好的事情，反正大家都是在一个圈子里转。"

袁哲和储安平相差三岁，两个年轻人随现实所需，在各自的人生旅途匆匆行走，不经意间相遇，一起走过一段，一路轻轻问候，一路淡淡寒暄，在转角处又挥挥手，说再见。这样的事、这样的缘分，张筑音习惯了。

没想到真如储安平所言，一九四六年春，储安平从国立蓝田师范学院转到上海创办《观察》半月刊，并兼任复旦大学教授。这时的袁哲也在复旦大学任教，两家人又聚在一起了。

复旦大学开学后的一个周末，储安平来家里串门，张筑音刚从外面回来，看见储安平一个人，就问他："怎么就你一个人啊？"

"怎么，你还希望谁来啊？"储安平笑着问。

"露西呢？你的露西呢？"

储安平一改往日的活泼，脸色突然沉了下来，刚刚的平静的在视线里缓缓散落开来，一层化不开的忧愁上演，湿润了眼睛，一片狼藉！

"我们离婚了。"储安平冷冷地说了一句。这一句让张筑音和袁哲面面相觑，一时竟不知该说些什么，怕触碰了他那根受伤的神经。也是张筑音难以忘记的一幕。

看见袁哲和张筑音不敢再言语，储安平佯装不在意的样子，长长叹了一口气，淡淡地说："唉，她啊，和风一样，定不下来，迟早是要走的。"储安平浅浅地一笑，似是一种释然。但这种浅淡的表情却让张筑音感觉他心里的忧伤。此刻他佯装出的快乐不过是给伤口找一个笑着流泪的借口。那一次，储安平在袁哲家吃晚饭，喝了一点酒，就醉倒了。

在两性世界，让女人念念不忘的是感情，让男人念念不忘的是感觉。感情随着时间沉淀，感觉随着时间消失。在时间面前，谁也不会明白谁是谁的深爱，理解谁和谁之间的悲哀。人生若只如初见，那该有多好！可以让两个相亲相爱的年轻人安安静静地在阳光下被轻轻感动，如同夏末的花朵，努力绽放，那该是多么美丽的事情。可惜，人都是会随时间和环境而改变，只不过有些人选择改变环境，有些人选择被环境改变。

　　看着醉倒在桌上的储安平，脸涨得通红，张筑音觉得，他喝的不是酒，是愁。这一对在她眼里恩爱的夫妻，昔日同窗，一个与爱情有关的两个人，在现实面前被改变。让那一段如烟花般绚丽的浪漫传奇，留下扣人心弦的往事，随风云而飘散。爱的再深，也会让曾经黯然神伤的裂痕难以弥合成当初的圆满。爱的再真，没有了生活点滴浇灌，也终将会在事实面前变得很苍白，留下了不可磨灭的某些幸福记忆，缝补出平淡的日子。

　　那一夜，因为家里没地方睡，袁哲只好把他扶回家。第二天张筑音在送孩子上学的路上再遇见他，映入张筑音眼帘的，依旧是一个精神抖擞的身影，一张看似平静的脸。

　　因为爱，所以爱，让储安平和端木露西这一对恋人走到了一起。可惜，爱情并没有如期随行，婚后几年后，因为工作缘故，夫妻两地分居，端木露西的爱情里有了另外一个才子程沧波的浸入，为此两个家庭闹出了不小的风波。没想，储安平带着露西才过上几年幸福安静的日子，还是无法避免各自个性的差异，离婚了。

　　后来听说端木露西还是和程沧波走到了一起。曾经的一切，或许都只是人生旅途里的一段风景。是合、是分、是爱、是恨，终究躲不过各自命运的注定，游离在现实轨道之外，消逝在远方。

　　后来，袁哲和张筑音离开了复旦大学，有关储安平的片段也就此消失了，再也没有看见那个圆脸的年轻人，只是听说他再婚的消息。虽然储安平在后来和袁哲的书信里尽量回避这类话题，或许是他慢慢学会掩藏了吧。

　　爱，就深爱。不爱，就给予自己所爱人快乐。这是储安平给张筑音的印象。

　　每一段爱情，无论幸福抑或痛苦，储安平都如波涛般汹涌，坦坦荡荡而炽热。感觉没了，依恋没了，爱情逐渐走远了，他的选择透明到底。转身走得洒脱和彻底。提得起，放得下。这样的女子，好似是一只燃烧的火凤凰，又恰似一朵带刺的玫瑰。这样的男人，就好像一座古老的城堡，需要人有足够的耐心和时间去细细揣摩。或许，爱情原本就是长了翅膀，谁也无法掌控。让它心甘情愿坠入尘埃。只是，张筑音不知道，后来储安平又离婚了。她以为，再婚的他会幸福。没承想，留给储安平的，永远只是甜蜜的回忆和淡淡的忧伤，让他一个人咀嚼。

【17】蔚蓝中的一点黯淡——与端木露西的相识

　　一九四〇年上半年，张筑音时常听到储安平滔滔不绝地在台上演讲，脑海就寻思着，这样的人才，如此年轻俊秀，他的另一半端木露西会是什么样的女子呢？

　　自古以来，才子配佳人，这不仅仅是美丽的传说，也是人最为原始的一种吸引。男子的才华，让多少女子沉迷。女子的风情，让多少男人欢喜。以前对于上海光华大学文学院"花后"端木露西，张筑音只是听说这位容貌秀丽、性情活泼的大学生有自强不息的思想和独立自主的性格。毕竟对于热爱文学的年轻人来说，较为敏感的人和事除了报刊杂志上报道过的人和文章之外，就是各个大学里的才子佳人。

　　一九四〇年八月，张筑音听袁哲说储安平的漂亮夫人端木露西来到蓝田，但未见其人。传说终究是虚幻，真正认识端木露西，是在一九四〇年九月的蓝田镇街头出版社兼书店的"袖珍书店"。

　　那天阳光很暖，风很轻，天上的云也很淡很淡。

　　下午，袁哲有课。她就带着儿子在街上散步，顺便想给孩子买点好吃的。走到街道正中，看见有一个书店，门外竖着一个木制广告牌，上面写着："《海外小笺》端木露西女士著（每册二元五角），本书集有书信

端木露西

第四卷　红袖添香

十一封，系作者赴欧途中所作，文笔隽永。袖珍书店出版（湖南蓝田光明山）"。

因为喜欢看书，所以对书店很敏感。既然是本地出版的书籍，张筑音当然不会放过，牵着孩子径直推开门走进去。

这个书店不大，书柜上摆放着书和一些报刊杂志，书柜旁边静坐着一个女子。看见她进去，立马起身。

张筑音这才看清，她是一个端庄的少妇，面容清秀，穿着一件蓝底碎花旗袍。圆脸、直鼻，微施粉泽。浅笑时，月眉星眼，似含秋水。看见张筑音，她起身从书柜上拿了本书走到她面前说："如想买书，这本书很不错的，是我自己的经历。"

张筑音拿起书一看，浅蓝色的封面，端端正正写着"海外小笺"，书右下角署名作者端木露西。

"啊，你就是端木露西？"

"难道你听说过？"

"嗯。"

一席详谈，张筑音知道，眼前这位穿着洋气的少妇就是袁哲聘请在国立师范学校公民训育学教授储安平的夫人。而这家出版社，就是储安平得知张筑音大哥的好友曾毅夫在国师分管出版之后，他们夫妻开的一家出版社。

也就是民国爱情故事中人，浪漫传奇的女主角。

提到储安平，端木露西的眉梢之处，媚眼如风，撩人心怀。光洁的脸颊，耀如春华。而回身举步之时，柔情绰态难掩。

书店是什么样子，张筑音不记得了，只是知道这小小的书店，出版过很多人的书籍。比如钱基博的《中国文学史》在1939年作为湖南蓝田国立师范学院教材在蓝田陆续印行，《近百年湖南学风》也在1940年由湖南蓝田袖珍书店和湖南安化桥头河求知书店印行。

出版社后来如何，张筑音没有去打听。只是记住了这一对爱人。

由于袁哲和储安平当时在同一个系办公，而且两个人又是好友，所以，张筑音对于他和端木露西的故事也略知一二。不过，储安平对自己妻子的过往，从不提及。倒是端木露西，张筑音发现，这个女子想什么就说什么，很是直爽。对喜欢阅读的人来说，和大师们说说话也是一种享受。

九月中旬，端木露西被聘为国立师范学院附中校长，因为袁哲的两个孩子都在这所学校读书，两人联系就多了些。偶尔和端木露西一起闲聊，知晓这个女子做事有点魄力。张筑音感觉她作为一个女权提倡者，也有爱的甜和痛。爱情和生活，对于两个不一样的人而言，往往就是难以选择。特别是看到他们夫妻多次争吵和冷战时，她就会想到另一对传奇伴侣——徐志摩和陆小曼。或许，情深不寿，断然如此吧。

看了端木露西的书，张筑音觉得这个小女子的字里行间除了强大的气势之外，还有女人特有的贤淑和温柔。端木露西看了张筑音写的几篇随笔，很是赞许，鼓励她多出去走走，多写写。

端木露西说，张筑音的文字灵动飘洒，既有青春的旋律，激越音符涤荡人心。有些又把女性柔润的心境刻在密密的诗行，让人感受到生活中的一份宁静与美。文章清新亮丽，主调快乐、向上、幸福，具有极大的发展潜能，这类文字风格是文艺界所需要的，也是现在文艺界所缺少的，前途不可估量。

张筑音听了，浅浅地笑了。端木露西认真地说："是真的，你如写下去，肯定会超过我。"开始，张筑音并没有为写字而写字的冲动，她只是喜欢用文字记录下自己的生活点滴，给自己生活添加一点情趣罢了。

十月底，端木露西和张筑音同住在国立师范学校的宿舍区，两人走的比较近。有时端木露西看见什么好看的文章或者是书籍，都会推荐给张筑音，并和她畅谈。

十一月三日上午，张筑音买到了一只鸡，就留她们夫妻在家吃饭。对于鸡汤，张筑音觉得没做好，没有钱钟书熬出的香味，就特意又做了一盘酸辣鱼头，露西夸张筑音做得好吃。储安平笑着说："袁先生选的人，还有什么话说？"露西私底下特意问张筑音做酸辣鱼头的步骤。

听储安平说，她还真的回家做给储安平吃，而且做得很不错，很好吃。

张筑音夸她：聪明人学什么都快，你们真好。

可惜，储安平和端木露西这一对自由恋爱的恩爱夫妻好不容易走在了一起，关系却时好时坏，好似很是僵持。使得储安平和端木露西有一段时间在国立师范学校因为闹离婚沸沸扬扬，让很多人都开始反思爱情和婚姻的选择，钱基博就是其中一个。

当钱钟书反对钱基博把自己的妹妹嫁给其貌不扬的国师首届毕业生石声淮，鼓励妹妹自己选择，自由恋爱。钱基博知道后当着钱钟书的面大声问道："储安平就是自由恋爱，现在闹离婚，自由恋爱有什么好！"

说得钱钟书不敢言语。钱钟书还在英国留学时，钱基博就写信给他，直言希望他不要学徐志摩。钱钟书和杨绛也算是自由恋爱，不过结婚程序还是家长决定的，故此在钱基博眼里，还是家长指定的婚约。

端木露西和储安平、钱钟书和杨绛，这两对为爱而结婚的夫妻，各自不同的婚姻，也给国立师范学校的师生们都敲了一个警钟，上了一堂很实际的课。也让张筑音对爱情婚姻有了更深的认识。后来，端木露西怀孕了，储安平一个人整理她的文集，准备出版。那时，储安平对露西的爱，有目共睹。

一九四一年底，储安平和端木露西的孩子出生了，储安平整理的端木露西的文集也出版了，开始在自己的书店销售。这时，张筑音生了孩子后，就离开了蓝田，再也没有看见端木露西。储安平和袁哲之间，也只是偶尔有书信往来，彼此诉说各自的生活状况罢了。后来听人说露西的书还没卖完，夫妻两人就闹起了离婚，在两年后，夫妻分道扬镳了。

作为苏州二十世纪二十年代末有名的富家小姐，当过作家和编辑的端木露西，她与储安平是民国史上的一对佳偶，堪称的金童玉女，也躲不过爱情的魔掌，成为了爱情故事里的一对怨偶。曾经是那么熟悉的一对夫妻，听过她们轰轰烈烈的恋爱故事，张筑音没想到，她们的情感经历，也会宛如梦一样，人越清醒，越是走的彻底。

【18】 再见即久别——认识刘佛年的点滴

一九四〇年九月初，张筑音和袁哲的女儿从周南女中报名回来搬东西，看见学校门口有几个老大妈提着满满一大竹篮的花生，花生洗得干干净净，又大又饱满，牵动出食欲。便停下来，问问女儿，想吃吗？女儿看了看，点点头，说："买一点回家尝尝吧。"想想家里还有儿子袁道先，张筑音就低着头看了看自己手中的布袋，蹲下身子开始用手捧了几捧放在老大妈的秤上，女儿拿了一个尝尝，说："好吃，还有点甜。"张筑音站起身子边掏钱边说："那就好，正好你弟弟爱吃。"

提着花生往家里走，女儿边吃边走皱着眉头，睁大的眼眶里，晶亮的眸子缓慢游动着，丰满的下巴微微上翘，好像在想什么。她扭头看了看，问道："咋了？有虫子吗？"女儿摇了摇头，手指尖拿着一个花生举在眼前自言自语地说："花生的英语我们好像没学过。"张筑音一听，愣了一下，陷入深深的沉思。自己在脑海里努力回忆自己高中时学过的英语，琢磨着这个单词在哪一学期学过。想来想去，张筑音不知道是没有花生这个单词，还是自己给忘了。快到家门口时，她笑着对女儿说："回家了问你爸爸，他擅长英语和日语，不会不知道。"

女儿眉头一下子轻松了，阳光射到她的圆脸上，两颊更加红润，眯着眼笑着说："还好，我家有一个大才子，无所不知。"说完兴冲冲推开门，进门就喊着："爸爸，爸爸。"七岁的儿子袁道先从里面走出来，手里拿着铅笔，认真地对姐姐说："爸爸不在家。"

"那你一个人在家玩？"

"他刚出去，让我在家画画玩。"

张筑音听了，蹲下身子，抱着儿子的腰，在儿子脸上亲了一下，喃喃地说："真乖，妈妈给你花生。"说完把袋子里的花生拿出一些放在桌子上，儿子放下铅笔，拿起一颗花生认真地剥壳。面对女儿的疑惑，张筑音也想知道，准备去翻译英语辞典。正在她起身时，门边一个年轻人路过，倚门而立的女儿看见了，大声叫着："刘叔叔，来吃花生，刚买的。"热情好客是女儿的本性，在这里，人人都喜欢她，认识她的人也多。

那个年轻人停住了脚步，转身走到张筑音家门前，第一次看见这个带着黑色方形眼镜的年轻小伙子，张筑音不知道如何称呼，女儿倒是大大方方地说："刘叔叔来尝尝。"

那个年轻人笑着走了进来，朝张筑音笑着点了点头，拿了几个花生，准备转身时，女儿又说："刘叔叔，你知道英语怎么说吗？"

什么？他怔了一下，不懂她的意思，呆呆地望着她。

"花生，英语怎么说？"

"peanut。"

"啊？你慢点读。"

"peanut。"

女儿跟着重复读了两次，然后紧紧盯着他问："刘叔叔，我读的对吗？"那个人认真地听了，沉思了一下，对女儿说："它的音标是［pinʌt］。读时注意音标的轻重，如若很多花生就用复数形式。"女儿又反复读了几遍，然后仰着头笑眯眯地对他说："刘叔叔，你就是厉害。"那个人笑了笑，走了。张筑音走过来问女儿，他是谁。女儿立马睁大眼睛，扬着眉毛得意洋洋的说："刘叔叔在英国、法国留学过，而且还是英国伦敦大学、剑桥大学、法国巴黎大学研究生，他以前是西北联合大学教授，可厉害了！"

"你怎么知道的？"

"上次去找爸爸要书，在爸爸办公室遇见了，爸爸告诉我的。"

"他叫什么名字？"

"爸爸说他叫刘佛年，是他聘请来这里教书的，是本地人。"

"安化蓝田的？"

"不是，是湖南的。"

"湖南可大了，不能说是本地人。"

"我说的本地人就是指湖南啊，和你一样呗。是湖南老乡。"

通过女儿和他的对话，张筑音也记住了这个英语单词，并知晓了这位眉清目秀的年轻人是刚来的刘佛年教授。既然是湖南人，张筑音就想知道是湖南哪里的。等袁哲一到家，刚端起饭碗，张筑音就问："公为，刘佛年教授是湖南哪里的？"

"湖南醴陵。"

"听善如说，他是英国和法国大学的研究生？"

"嗯，非常难得的人才。二十六岁就是三所著名大学教育系的研究生，所以我推荐他来这里。"

不问还好，一问吓一跳。算来只比自己大两岁，这么年轻，却精通三国语言，曾留学英国、法国，先后在英国伦敦大学、剑桥大学、法国巴黎大学攻读研究生。这是张筑音在国立师范学院教职工中遇到的第一个湖南年轻人，也是第一个拥有如此高学历的湖南人。年纪虽轻，分量不小。拥有如此深厚的知识底蕴，不得不让张筑音震撼。再次遇见，一股仰慕心情从心底溢出。同时也会想起清代人说过的一句话：读书能养气，乃为善读书。

由袁哲推荐来湖南国立师范学院的老师不多，大家彼此都忙碌，张筑音也不是很熟悉，接触不多。有的，只是零星的一些小碎片。和储安平一同进入湖南国立师范学院的还有湖南醴陵才子刘佛年，来湖南之前，他是西北大学副教授，袁哲看重此人的才气。可惜，还没等张筑音和他多说话，几个月后，也就是一九四一年，袁哲去了中山大学，离开了湖南国立师范学院。张筑音以为自己再也不会遇见这个湖南的才子。谁知两年后，袁哲到中央大学，听说刘佛年也离开了湖南国立师范学院，张筑音不免有淡淡的惋惜。这么难得的才子，如若留在湖南多好。湖南现在需要的就是这样的人才，促进当地的教育风气，培养出更多的湖南人，可惜了，想到这，无奈长叹。

春去秋来，花开花落。光阴积累了经验，读书增长了知识。而琐碎里的记忆随时光而渐渐变淡，有关刘佛年的点滴也逐渐模糊，尘封在一段逝去的光阴里。正如徐志摩的那一句：走着走着，就散了，回忆都淡了。

一九四六年初，一个清闲的早上，张筑音跟随袁哲到了上海。刚

第四卷 红袖添香

到上海，对于这个繁华的大都市很是陌生，所以一有空袁哲就带着她到处走走，熟悉一下周围环境和地理位置。早春的一天下午，他们吃过中饭，袁哲准备去复旦上班，就让张筑音也一起去，熟悉一下路线。在上海大厦门前，看见有人摆活动书摊，他们两走过去，摊开一本书，闻着纸上散发着的油墨清香，张筑音说："真香。"

袁哲看了看她那沉醉的样子，笑着说："书虫就是这样了。"

张筑音抬起头，准备回一句："精神能补物质的不足"，看见他背后好似有个人，就愣住了。只见袁哲的肩膀被人拍了一下，然后听到一声："公为兄，我们有缘，又相遇了。"袁哲扭头一看，原来是刘佛年。一头乌黑的头发，一张清秀的脸，还是那样温文尔雅。一副方形黑色眼睛，一脸浅浅的笑，蕴含着一缕书香的气息。

"真巧，你现在在哪里做事？"

"现在在上海暨南大学。"

"不错啊，我们相隔不远。"

"公为兄，有时间常来常往啊。"说完，他走进了拥挤的人群里。望着他消失的背影，张筑音望着袁哲笑着说："还以为不认识了，想不到他还是老样子。"

"难道我老了吗？"袁哲笑着问。张筑音含笑瞟了他一眼，抿嘴拉着他往前走了。

回忆是一帧照片，一帧发黄褪色的老照片，不过，有些人因为自身的修养而保持了当初。刘佛年眉宇间的文雅之气，来源于他的内在。一个真正读书的人，都是源自内心对生活的热爱。读书，只是为了自己，听从自己内心的召唤，所以让人无论何时何地何种境遇都能嗅出他自身的的书香，看到的，也永远是书浸透的美好年华。

这次路上无意的重逢为他们在上海湘菜馆聚会拉开了序幕。五月，上海的湖南老师组织舞会，刘佛年邀请袁哲参谋，结果袁哲不仅主动负责湖南籍老师的签到，还带着张筑音一起去湘菜馆订餐。张筑音笑他是半个湖南人，比她这个湖南人还要积极。由于参加人都是教育界的，所以大家在一起探讨也是整个国民教育问题，张筑音就静静地在一旁聆听。大家到晚上八点多才散去。袁哲和张筑音到家时，孩子们都睡下了。后来袁哲和刘佛年常相约一起吃吃饭，喝喝茶啥的。张筑音因为需要照顾孩子，也就没有参加，和刘佛年也没再相见。

　　一九四九年九月，刘佛年进入复旦大学教授，兼任上海教育工会副主席、上海哲学会副主席，而此时的袁哲正好离开了复旦，带着张筑音离开了上海。从此，两人错过了同事的机会，也没再相聚。那些渐行渐远的日子，还有远去的时光和心情，都定格在岁月的大脑里，凝成了永远。或许，一些事注定成为过去，一些画面注定留下只有那么多，堆成回忆。

瓜葉菊

澄心以爲古稀之後
丁亥歲華月写

第五卷

聚散两依依

乡间的生活，澄澈如水，伴着一路花开，演绎透明的故事。
潮起潮落，落入平静的点滴，闪烁缤纷的色彩，宛如轻轻飘舞的竹叶，雅致富有情趣。

一个淡淡的女子，简约、浅笑，静谧处念想昔日的想念，欢闹时融入当时的氛围。闲来读读书，看别人的行云流水般雀跃文字，寂寞写写字、画自己从未割舍的惆怅心事。

　　时光静好，与君语。不用每日缠绵，时刻联系，打开心灵的窗子，静看时光，你知道他不会走，他知道你不会变，细水长流。

　　爱不爱，人来人往，旖旎一曲花开，惊醒俗世凡尘。美好的故事从来就没被人辜负。天籁之声天籁逝，缱绻了浮华，与君老去。

　　纸笺上记录的，不仅是沧桑，还有淡淡的温暖，风轻云淡。

　　一地落红，聚聚散散，各自珍重。时光从指间的缝隙偷偷溜走，淡漠的目光，注下冷暖。

　　让往事在时间里回荡，来也好，去也好，风尘仆仆。低眉处，不过是自己的简单素描。一树梅开，一季繁华，溢满初遇的芬芳。

【19】山野里的琴声——和马思聪夫妇做邻居

爱读书的人，都爱沉静，爱做梦。

这种纯粹的境界既是一种自我修炼，也是人生追求里的一个书签。一切的繁华落尽，如梦一切皆无痕。有时候，邂逅一个人，感受到美时，就会在时光里慢慢沉淀，让人永远难以忘怀。比如张筑音和马思聪夫妇一起做邻居的那一年，所有的点滴，至今都搁在张筑音的日记里，让她常常翻阅，慢慢回味。

还在周南女子中学读书时，就听说过马思聪的名字，更喜欢他的音乐作品。但是没想过真正的认识他，或者是和他做邻居。对于歌曲，张筑音以前只是在学校里学过，从广播里收听到，没有真正的目睹一首首作曲的问世。让张筑音亲眼看见音乐人创作，了解音乐人的生活，是在一九四一年十一月，她随袁哲从国立师范学校转到广东中山大学的师范学院，袁哲在广东中山大学的师范学院任教。

那时广东中山大学的师范学院在离坪石镇几里外落寞的荒村，条件不是很好，没有老师宿舍，任教老师多数只能租住在镇上。说是街道，其实也是郊区，路两边全是荒野，杂草丛生。整个街道上除了几个零落的店铺，就是几里外的学校，老师一般都是早上步行去上课，课毕回家，在家办公，其中一部分老师就住在学校里。

马思聪

因为学校没有空房供教职工居住，所以后来的年轻老师都租住其他地方。张筑音带着孩子和袁哲租住在小街上一间破旧平房，房内一张桌子和一长凳子，一张床。由于没什么建筑物，所以很远就能听到学校上课的声音，看见路边三三两两学生身影，毕竟这里一下来多了近千名的师生员工，人流增多了许多。素日孤僻的小山村因为学校的到来变得热闹了，少了荒凉的味道，多了一份书香味，日子很简单。

这里远离城市，由于天气干燥，来往人稀少，所以，生活方面也相对来说清淡些。没有俗世的纠缠，没有纷纷扰扰的琐碎笼罩，只有一本书，一缕淡淡的阳光相伴。张筑音偶尔在街上买到一点荤菜了，就自己在家做点好吃的，改善一下。当时学校正在对面山坡上修建教师宿舍，张筑音有时带着孩子去看袁哲时，特意走过学校对面低矮的绿色山岗，趟过一条小小的从山地里流泻下来的洴渠和长满青草的田亩，看看房子修筑进展。

一九四二年二月，由于学校聘请了一对年轻夫妇任教音乐课程，所以学校里也就多了唱歌声，时不时顺风飘来，让人有点动感。在没有收音机的地方，还能听到歌声，一首首悠扬的歌，随风飘荡与千山万水里，碎成朵朵漂流的云。这样的日子，与世无争。这样的心境，流淌纸笺。这样暖暖的情愫，抚慰流年。有点让人心动。

每天午休之后，老师们都去上课了，孩子还在睡觉，张筑音就倚着走廊，望着走廊外碧绿的稻田和浓郁的山坡，听着从学校里飘来的优美动听的钢琴曲发呆。马思聪的作品总是给人意想不到的感觉和震撼，瞬间击中人心，开启情感的闸门，让记忆漫天飞。居住在幽静偏僻的山野，每天听虫鸣，看花开，云燕低飞，流水潺潺，清风落在琴弦上，滋生出一个个灵动的音符，清淡悠远，撩人心怀。这里真美，是不是人间仙境？张筑音总会这样反问自己。

四月，学校教工宿舍修好了，租住在镇上的教职工都搬迁到对面山坡上一栋新造的平房居住。这个宿舍和蓝田的差不多。就是把一栋平方用杉木板隔出十来间房子，每家一间，门上写着号码。长廊两端是公用厨房区。每到做饭时间，厨房区就最热闹了。由于学校老师来自天南地北，所以饮食方面也是花样百出。张筑音和袁哲带着孩子住在邻近厨房的第三间，那一对年轻音乐教授住在第五间。

这里的年轻老师多，但带着家眷的不多，所以大家都不怎么熟悉，也很少串门。知道这对年轻音乐教授名字还是袁哲说的。才知道原来这对年轻夫妻就是传说中的音乐神童马思聪和他的夫人王慕理，刚刚结婚没多久。搬来的时候，马思聪夫妇只带了两个藤条箱子。然后和张筑音家里一样，找学校借了一桌、两条板凳、一床。简陋的房子，却随处都可以看见他们夫妻幸福的身影，听到他们快乐的笑声。

在公用厨房，张筑音发现王慕理的厨艺不错，做菜很讲究。王慕理做的点心香脆可口，松软有嚼劲。张筑音很是喜欢，就跟她学做过油炸红薯条，王慕理也跟随张筑音学会了酸辣鱼头。两个女人交往逐渐多了些，关系也密了一些。有时候，张筑音从走廊擦过，看见马思聪坐在房门边的凳子上，靠着窗边的桌子写写画画，估计是在作曲。他夫人王慕理在厨房里做饭，来来去去，会时不时哼几句，然后问马思聪：是不是这样？

等她做好了饭菜，端到房间时，会用筷子夹了一点，送到正在创作的马思聪嘴里，然后问：味道怎么样？

马思聪昂起头对她很认真的点点头说：嗯，味道不错，好吃。

夫妻每天一路去上课，一路下班回家，来来去去，都是手牵着手，肩并着肩，走到哪里都是一对，不曾分开。张筑音和袁哲私底下称他们这一对恩爱夫妻为"连理枝"。

每天黄昏时候，马思聪夫妇吃过晚饭，就会漫步到对面山上学校的大礼堂练琴。那里有一架钢琴，为学校文艺汇演时准备。所以，黄昏后，总能听到大礼堂传来的音乐声。音乐对于一个多愁善感的女子而言，是一种纯粹的诱惑。每天忙完家务，张筑音喜欢搬张条凳，带着孩子，坐在家门前的走廊上看风景。或者是站在坪地里，向对山遥望，看看学校。每到下课时间，看见穿深咖啡色长袍的马思聪和一身深色丝棉袄的夫人王慕理有说有笑的从远处走来，张筑音就知道该做饭了。几个女人陆续进入厨房做饭，边做饭边闲聊，拉拉家常。除此之外，就是聚在一起，听他们夫妻在学校大礼堂弹奏的声音。

每周总有那么几天，学校宿舍长廊里几个女人安安静静地守候在屋檐下，静静的沉睡在音乐里，看温融融的阳光穿过飘浮的紫云落到平地；黄莺百啭、燕子翩飞。青青芳草上，水珠闪烁。然后长长的说一句：真好听。那时，马思聪夫妇的琴声，是这几个女人最为喜欢的。

也会一天之内最为期待的。

马思聪虽然个子不高，人长得很结实，但是很少看见他随意闲聊，或者是和谁开玩笑。不拘言笑的外表，让人感觉有点不好亲近。只有和王慕理在家时，张筑音经常能听到他爽朗的笑声。不过，马思聪很喜欢小孩子，所以张筑音的儿子也不怕他，常常去他家串门。屋前是稻田，屋后是山，小孩子基本上没有什么玩具，有时在外面田埂上采摘了几朵野花，他就送给住得近的人家。这里的家属也都认识他，喜欢他。有时遇见袁哲上课，张筑音生病或有事时，大家都会相互关照，视张筑音两岁的儿子为宝贝。

有一次，马思聪正在低头写着曲子，时不时用笔敲敲自己的脑袋，站在外门的孩子看见了，拿着刚从屋前扯的一把狗尾巴草跑进去对他说：叔叔，给你。马思聪一看，这把草嫩嫩的，绿绿的，富有生命力，很喜欢。就拉着张筑音儿子的手说：小家伙，这草是哪里来的？

孩子指着走廊外面的稻田说：刚从那边扯的。

马思聪抬起头，张大眼睛盯着他问：你喜欢吗？

喜欢。

为什么喜欢草啊？

因为它是绿色的。

小家伙真聪明是的，草是绿色的，富有活力。

来，叔叔给你一颗糖。

……

张筑音生怕孩子打扰了马思聪夫妻，却没想到这样的情景时有发生，看到马思聪对孩子这般，张筑音不胜感激。

马思聪爱吃广东小吃，王慕理有空就爱在厨房里倒腾，不一会儿就做出了可口的零食，看见张筑音的儿子，就分一点给他尝尝。

广东菜味道带着甜，小吃香脆可口，张筑音偶尔看见了，也忍不住跟着学做广东饮食。而王慕理有时也跟着张筑音做湘菜，调调口味。或者在学校大礼堂听他们夫妻合奏。日子虽然简单，但是却觉得很温馨和清甜。

马思聪夫妇的琴声伴随着张筑音在中山大学度过了两年，也成了张筑音对马思聪夫妇最深的记忆。

一九四三年一月，袁哲离开了广东中山大学的师范学院到了重庆，第二年的春天，再次在重庆储奇门附近看见马思聪夫妇和他们的孩子时，张筑音很是激动。因为在广东的时间不长，是张筑音记忆最为深刻的时候。

岁月静好，人心纯净。避开喧哗，马思聪夫妇的身影随着他们的音乐作品让张筑音一次次的想起，往事如花盛开，远远的搁置云中。

【20】姐妹情深——与徐悲鸿、廖静文的交往

一九四三年三月，袁哲到中央大学工作泊溪分校任训育长，并兼任国民党中央图书杂志审查委员会委员，一家大小又必须随着搬迁到重庆居住。每天在两地上课忙碌，家里一切事务就交给了张筑音去打理和安排。所幸女儿高中毕业之后就跟着到了重庆，现在每天在家里帮助张筑音做点家务。大儿子在读书，无需她过多的照顾。怀里还有一个快三岁的儿子。

第一天到重庆，张筑音下车时深深的吸了一口气，然后深深地说："重庆，我又来了。"旁边提着箱子的袁哲笑了，在她耳边轻轻地说："你和这里有缘。"

"四年了，时间过得真快。"张筑音望着远方，自言自语。

"四年，还是老样子。"袁哲抬头，望着远方隐形的山脉也忍不住长叹。

光阴似箭，四年前的那一场盛大的婚礼，好似在眼前。

在离开中山大学之时，张筑音给在重庆的廖静文写了一封信，告知她自己将来重庆生活的事情。廖静文接到书信后，很是开心。立马回信，告诉张筑音，她正在成都金陵女子大学化学系，离重庆市也不是很远，希望聚聚。张筑音带着一份喜悦和期待，跟随袁哲一路北上，

到了重庆。

因为中央大学没有教工宿舍，所以必须要自己找房子住。袁哲和张筑音在重庆大街小巷走了个遍，最后袁哲在重庆储奇门山坡的吊脚楼租了一间房子，说是房子后面有防空洞，一旦有敌机轰炸，一家大小也有了安全去处，生命有个安全保障。沿着一条崎岖的山路，才能看见吊脚楼。吊角楼有两层，地下一层是茶房，很多做事的工人在这里喝茶聊天休息，楼上是一排客房。客房不大，放了两张小床，一张桌子，几把椅子外，就没多大的空间，做饭只能在过道里搭一个简单的灶台。

晚上，睡在床上，能清楚地听见山坡上的风跑过的声音，如若风大一点，还会听到竹窗吱呀吱呀的响动。张筑音有点害怕，总是会被风声惊醒，起床到处看看。

好不容易安顿好住宿，虽然有点艰难，但张筑音想到可以有时间和廖静文聚聚，就抑不住兴奋。青春是阵偶尔滑过的风，不经意间，匆匆溜走。回首往事，日子中竟全是斑斓的光影，没有成形的图案，也找不到可以延续的方向。日子，悄悄地在指尖流淌。

廖静文一九三九年考入国立艺术专科学校后，在这里认识了徐悲鸿先生，两姐妹就一直不曾相聚。张筑音来重庆结婚时，廖静文正在湖南沅陵的国立艺术专科读书，故此没到。而到一九四〇年，廖静文给张筑音写信，告知她到重庆了，并在院长办公室做助理。在这里，廖静文遇见了她一生的挚爱——徐悲鸿。

看见自己一直很敬仰的老师因为家庭琐碎而备受煎熬，人逐渐憔悴，她隐隐的疼惜，却只能在一旁静静的看着，爱莫无助。这种隐隐的心疼是爱还是什么？如若不是爱，为何他的每一个动作都能迷醉了眼？

廖静文告诉张筑音，自己默默看着老师的日子，虽然有些单调，却也充实。他的一个眼神，就能让她忘了生活中的苦涩，轻而易举的把所有都折叠成甜蜜。她问张筑音，爱是什么？

张筑音说，在她看来，是默默的成全和静静的守候。因为她只要他快乐就好。或许，她的到来，只是为了让他活得更好。看到张筑音

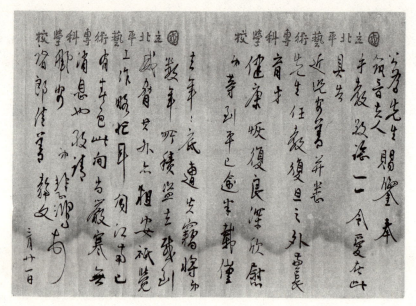

1946年3月11日，徐悲鸿、廖静文夫妇给袁哲张筑音夫妇的书信。

对爱的诠释，廖静文特别高兴。因为她相信，已经踏入婚姻的张筑音比自己更懂得，有一种幸福是来自人内心深处的坦然和安静，无需沾染世俗，只要自己所爱的人觉得快乐，就足以定格在轻轻走来的瞬间。

一九四一年时国立艺术专科学校迁重庆青木关外松林岗，现在张筑音跟随袁哲也到了重庆，两姐妹终于在同一个城市，迫切的心情可想而知。

到重庆后的第一个周末，她便兴冲冲地带着袁哲和孩子坐车赶到国立艺术专科学校。学校离重庆市有点远，一路花了近一个多小时，才看见学校的大门，上面写着"国立艺术专科学校"。走进去，一条宽阔的大路一直向前，两边是绿意盎然的青竹翠柏，整个校园的温馨而幽美。

走到大路尽头，就看见廖静文穿着赭石色的长裙从远处笑盈盈的跑来。一边跑，一边喊："筑音姐，好久不见啊。"听到廖静文的声音，张筑音喜笑颜开，伸出双手迎上去。

几年不见，刚刚二十岁的廖静文此时如花怒放，肤色白皙，身上散发出一种妙不可言的温柔气息。看到激情四射的廖静文，步履是那样轻盈，仪态大方，张筑音满是羡慕，看了看她，轻声轻语说："你在这里读书，真好。"

"好什么啊，反正我也没什么事，不好好读书干什么呢？"廖静文看了看温柔娴静的张筑音，随意说笑着。不过，张筑音觉得她这么佯装随意，是在安慰自己。是岁月还是生活，拉开了现实和梦想之间的距离，拉长了人与人之间的差异？张筑音不知道，也没去细想。只是感觉，自己好似找不到青春的味道，看不到青春的色彩了。

"想必这位就是我姐夫吧？"廖静文越过张筑音清瘦的身影，看见了她身后的袁哲，眨着调皮的眼睛对着张筑音笑道。

张筑音甜甜一笑，拉着袁哲对廖静文说："来，你们今天是第一次见面，都熟悉熟悉下。这是我的好姐妹廖静文。"

袁哲很有礼貌的对廖静文点点头，伸手问好。廖静文看了看一身西服的袁哲，贴着张筑音的耳根子说："筑音姐，你还真会选呢，这么年轻的才子。"张筑音听了，低着头吃吃一笑。袁哲不好意思了。廖静文大方的伸手握了握他的手说："我该叫你姐夫吧？"

"你叫筑音为姐姐，我当然是你姐夫了。"袁哲温情的一笑。廖静文又贴着张筑音的耳朵说："你们郎才女貌，真的很不错。"

说得袁哲和张筑音都不好意思低下了头。廖静文灿烂一笑，然后蹲下来抱抱张筑音的儿子说："这可是我侄子，我得抱抱。"说完就抱着张筑音的儿子往前走。张筑音和袁哲随即跟着到了廖静文的宿舍。

宿舍只有廖静文一个人居住，所以房间很宽敞，布置也很雅致。廖静文请他们在学校附件的餐馆吃饭，下午因为廖静文要复习，张筑音和袁哲夫妇也就离开了。不过两人相约下一个周末，袁哲邀请廖静文和徐悲鸿来家里做客。

到了周末，徐悲鸿和廖静文按着地址，来到了储奇门，有说有笑的在吊脚楼前，遇见早已等候的袁哲夫妻。张筑音第一次看见徐悲鸿。他面容有点憔悴，浓眉大眼，个子高挑，偏瘦。身穿一件土灰色长袍，

第五卷　聚散两依依

119

粗黑的头发,中分。徐悲鸿看见俊朗的袁哲,伸出双手问道:"想必这位就是公为兄吧?"

袁哲紧紧握住他的手说:"徐先生好。"

"哎呀,你别叫我先生,虽然论岁数,我比你大,但是静文和夫人是姐妹,你就叫我悲鸿吧。"他一边笑一边望着身边嫣然一笑的廖静文说着。

廖静文脸上浮现出陶醉的表情,拉着张筑音说:"这是我姐姐张筑音。"

面对张筑音弯弯的一双眉毛,水汪汪的一对眼睛,挺秀的琼鼻,香腮微晕。徐悲鸿说:"早就听静文天天念叨的筑音姐,今日算是看见真人了。"

"徐先生好。"张筑音长长的睫毛微微地颤动着,显得有点娇羞,向徐悲鸿点点头。

"难怪让我家静文这么想念,还一直得意呢,原来真的是一位美丽的湘女。"

"哪里,谢谢徐先生夸奖。"

"你也不能叫我徐先生,应该叫我悲鸿才好。"

两人笑着走上了吊脚楼,每上一道台阶,整个楼梯有点摇晃。吓得廖静文忍不住伸手抓住护栏,小心翼翼地跟在徐悲鸿后面,张筑音抱着儿子在后面。

袁哲推开房门,搬出椅子。徐悲鸿和廖静文巡视了一下,整个房子就只有一间,除了两张床就是一个破旧额桌子和几把椅子,桌子下面放着两个大箱子。两张窄小的床上铺着洗得发白了的床单和一床薄薄的被子,已经看不出图案是什么颜色。屋顶上有几处裂开了,露出破烂的竹席边。张筑音看他们在打量房间,看到家里破旧不堪,有些不好意思,对徐悲鸿说:"实在不好意思,家里可能很糟糕。"

徐悲鸿听了,看了看一脸尴尬的张筑音,对袁哲说:"公为兄,这年代,大家都这般。"带着几多无奈和长叹,两个男人说开了。从和袁哲的谈话里,知晓这对夫妻生活相当拮据,徐悲鸿知道他们夫妻不仅居住困难,而且生活也很拮据,袁哲需要负担五个人。廖静文说:"给筑音姐找一份工作吧。这样她有了一份经济来源,还能有个支持啊。"袁哲点了点头,说:"我也是这么想的,但是我刚到这里,对这里还不太熟,只能以后看看了。"

一旁的徐悲鸿想了想,看了看低着头的张筑音说:"这样吧,正好图书馆需要一个管理员,要不去那里试试?"

张筑音抬起头,看了看袁哲,转头问徐悲鸿:"我可以吗?"

"当然可以啊,筑音姐,你有文化,而且又看过很多书,喜欢看书,那个地方可能你最喜欢了。"廖静文对着张筑音睁大眼睛快速地说,好似生怕张筑音不答应似的。

张筑音半信半疑,看了看自信满满的廖静文,看了看沉思的袁哲。袁哲抬头看着她,对她点了点头,说:"这个地方应该不错,适合你。你可以去试试。"

听到袁哲这么一说,张筑音一下子充满了力量。鹅蛋脸颊甚是美艳,长长的眼睛似乎也比往日有了光彩。工作不仅为了挣钱养家糊口,解决家里现状,更重要的是融入了社会,有稳定的收入,让人有了价值体现和精神所在。

第二天,徐悲鸿就带着张筑音去了重庆市图书馆,安排了她在图书馆的具体工作。

有了一份工作,张筑音的生活也就开始有点紧迫,每天早上必须和袁哲同出,才能赶到上班地点,孩子只能给女儿照看。有了一份工作,张筑音感觉自己好像充满了动力,每天上下班,路途遥远,但是感觉有使不完的劲。她不仅是家里的贤妻良母,在单位也是有作用的一员。只有经济上的独立。

上班后的第一周,徐悲鸿和廖静文来重庆市办事,顺便在张筑音家吃午饭。张筑音特意做了几道菜,大家边吃边聊。闲谈中,徐悲鸿得知袁哲的女儿袁善如周南毕业没进大学,感觉就待在家里也不好,便推荐袁善如在重庆电影检查所工作。张筑音听到了,很是不好意思,对徐悲鸿说:"真的不好意思,总是给你添麻烦。"徐悲鸿扬扬手,对袁哲说："你我是兄弟，说什么麻烦不麻烦，能帮的尽量帮，大家都好。"

就这样，袁哲的女儿袁善如也有了一份正式工作，在重庆电影检查所，每天一家三个人都早出晚归，忙着工作，儿子也送进学校了。袁善如在这里，不仅看了许多美国原版片，而且还跟着学了英语，对她英语水平的提高有很大好处。

夜晚，忙碌家务，一家人悠闲地摇着蒲扇，看着竹窗外夜空，听张筑音给孩子讲故事，和袁哲说着话。周末，一家人都在家，袁哲看着孩子愉快的在吊脚楼下嬉戏，玩耍，做游戏。日子过得充实而愉快。

七月，勤奋努力的廖静文以优异的成绩考取了成都金陵女子大学化学系，和张筑音一家相隔甚远，来往也就少了一些。两姐妹多的是书信交流、沟通。在廖静文心目中，张筑音是她最好的闺蜜和姐姐，所以在她面前没有丝毫的秘密。哪怕是她和徐悲鸿的相识，她都写信告诉了张筑音，使得张筑音也知晓了她和徐悲鸿的交往。

当爱情悄悄降临，需要选择时，面对比自己大二十八岁的老师，廖静文不知道该如何是好。对于徐悲鸿和廖静文的爱情，周遭是一片褒贬声，毕竟，徐悲鸿是老师，而且他前妻所生的女儿只比廖静文小六岁。种种实际情况在廖静文心头都成了解不开的顾虑。

张筑音写信说：当初我也惶恐，但现在我觉得很幸福。如若是爱情，还有什么顾虑？爱一个人，不仅是守候，还有付出。无论是什么，只需坦然面对，做到随遇而安。心向太阳，明媚向上，幸福就会随行。廖静文接到张筑音的信，心情激动。还是张筑音最懂她，给予她莫大的帮助和信心，冲刷掉她内心的焦虑与浮躁。

一九四四年九月，在磐溪美术学院图书馆工作的廖静文独自进城来看张筑音，和张筑音同睡一夜，她看了看张筑音的生活环境，建议张筑音不仅做一个职业妇女，同时也利用空闲时间拿起笔来写文字，给自己建立一个偌大的精神乐园。

那一夜，廖静文的一席话，再次激发了张筑音对文字的渴望，一双漂亮的大眼睛异常的灵动有神，透着一股久违的青春的气息。回想自己南转北折，一路走来，好似很少写东西了，也实在不该。从那以后，她开始拿起笔记录下自己一路见闻，包括那一夜廖静文和自己说的那些话。

因为住宿实在不太方便，张筑音和袁哲在吊脚楼上没住多久，就找朋友借了一点钱，在羊子坝搭了间矮小的房子，一家四口住在里面也算是很温馨。空闲时，在房子面前空地锄出一片地，张筑音在菜市买了一点蔬菜种子，女儿在四周种上花花草草，算是家门前的一个花园。花繁叶茂的夏天，坐在院子树下，看晶莹透亮的露珠在花片上摇晃，微风吹来，缕缕幽香扑鼻，这是多么浪漫的画面。

听说有了新家，廖静文穿着一身崭新的深蓝色滚边旗袍带着徐悲鸿来参观，那一天，张筑音和袁哲正在菜园里忙碌。看见他们来了，袁哲走出来，请他们进屋。徐悲鸿站在门前，望着阳光下的菜地，看树影摇曳，鸟在前边的树上飞翔，眯着眼睛说："一方庭园，满眼春光。有花有草也有鸟鸣，好地方啊。"

活泼的廖静文笑着对张筑音说："筑音姐，这个地方比那个吊脚楼好多了，这下夜晚可以踏踏实实睡觉了。"张筑音转头看着生机勃勃的菜园在暖暖的阳光下，薄薄的晨雾如轻纱笼罩，多了一份祥和与安宁，向廖静文笑了。

张筑音给他们沏好茶，看徐悲鸿和袁哲坐在椅子上闲聊，准备到自己房间里换件衣服，廖静文也跟着走进来。拉了拉张筑音的衣袖，不好意思的笑着低下了头，张筑音疑惑，扭转头和她面对面，盯着她有点害羞的脸问："怎么了，静文？"

"筑音姐，你在重庆结婚的，觉得在重庆举行婚礼好不好？"

"怎么了？怎么这么问啊？"

"我就是问问。"廖静文有点忸怩，声音也有点轻。

看她两边脸颊连同后面修长白皙的脖颈都红了，张筑音先是一怔，然后抿着嘴浅浅的笑，点了点头："我明白了，你要结婚了？是不是啊？"

廖静文头低的更下了，点了点头。

"太好了"张筑音差点跳起来，在廖静文耳边轻轻的说："你和徐悲鸿先生真是千里姻缘一线牵，看来你我和重庆都有缘。"

"还没定下具体日子，只是有这个打算了。"

"不错，姐姐支持你，你们甜甜蜜蜜。"

有了张筑音的支持，廖静文也就不再犹豫和彷徨，在生活方面对徐悲鸿越发是悉心照顾。一九四五年，廖静文和徐悲鸿正式举行婚礼。知道廖静文的喜讯，张筑音和袁哲都为她感到高兴和骄傲。作为廖静文的好友，张筑音带着一家大小都去了。看着小姐妹在众人的簇拥下，和她心爱的人相互依偎，清澈明亮的瞳孔满是幸福的微笑，张筑音紧紧地挽着袁哲的手臂，醉人的微笑，高兴地笑出声来。

廖静文结婚后，徐悲鸿夫妻和袁哲夫妻交往就更密切了，虽然相隔还有些距离，但是一般到了周末，你来我往，两个家庭妇女在一起有说不完的话。可惜，没多久，国立北平艺术专科学校迁回北平，徐悲鸿任校长。在临走之时，袁哲夫妻去送行，徐悲鸿建议袁哲的女儿袁善如去北京学习，为了女儿的前途，张筑音就拜托徐悲鸿夫妻关照。两家人各奔东西，只有书信联系。

为了促进袁善如的学业，随时掌握她的学习情况，徐悲鸿让袁善如住在自己家里，这一住就是大半年。为了让袁哲张筑音夫妻放心，徐悲鸿和廖静文夫妻每月都会给她们写信，告诉孩子的具体情况，两家人的交往更加密切。袁善如在北京的半年，收获很多，特别是学业方面，有了很大的提升。一九四六年，袁哲回上海复旦大学工作，徐悲鸿听说后，写信道贺。八月，袁善如回到上海，进入私立光华大学读书，因为学费很贵，想减轻家里困难，发奋努力学习，一九四七年七月，以优异的成绩考入复旦大学外语系，一九五一年复旦大学毕业后，在北京工作。两家人越来越密切，从二十世纪五十年代到九十年代，袁哲的女儿袁善如和弟弟袁道之常去廖静文家玩。八十年代，张筑音在北京跟随儿子居住时，常找廖静文说说话，当时廖静文夸张筑音文笔好，准备请张筑音为她写传。

【21】舌尖上的乡情——黄炎培的指点

由于袁哲在中央党校工作的地方和潘公展办公室比较近，所以潘公展时常让人叫袁哲去闲聊，张筑音和潘夫人也就偶尔遇见。不过张筑音发现，此时的潘夫人已经长胖了很多，显得很富态。眉眼处也没了过去娇柔的韵味，多了一份强势风采。穿着打扮也华丽精致了，举手投足有了官太太的气场。对于黄炎培，张筑音早就听说过他的名字，对于他的文章，张筑音很是喜欢，文风峭拔清健、傲岸不群。读之后给人感觉酣畅淋漓，大快人心的舒畅。只是没见过本人。

一九四三年十一月十一日夜，袁哲在吃晚饭的时候，对张筑音说：明天参政会审查会第一次会议在重庆召开，其中有图书杂志审核会议。参与人员有她仰慕的黄炎培先生。听到黄先生会从桂林飞往重庆，张筑音特高兴，希望能借此机会向黄先生请教关于诗词方面的问题。特别是写绝句时，出现了孤平孤仄，如何进行补救。

这一夜，张筑音有点小激动，把自己素日写的诗词整理出来，准备到时请教黄炎培先生，让他指点指点。

十一月十二日，天色阴沉，秋风凉爽，雨说下就下，淅淅沥沥，时而细密，绵绵的。时而滴滴，细细的，冲刷着夏天的浮躁。雨带着清清淡淡的凉爽和草木的芳香，雨把天洗得剔透。向窗外望去，树叶有了黄的味道，随着微风轻盈起舞，缠绵而不失凄婉。一层秋雨一层凉，淋漓而不失柔美，犹如大自然在悄悄细语，让人的思绪飘远。

上午八点，袁哲参加了参政会审查会第一次会议，黄炎培作为第一特种审查会召集人之一，参与了审查物资物价，做了行政机关代表

黄炎培

报告。中午，由潘公展招待，在三牌坊河南农工银行吃饭。黄炎培和袁哲、李灏，印维廉一桌。席间，袁哲对黄炎培提起家人对他的崇拜之情，黄炎培听了，哈哈一笑，然后说：公为兄，夫人喜欢读书，喜欢文学，和你这个图书杂志审查处处长走在一起，找对了人。

吃过中饭，大家在会馆休息。张筑音在家吃过中午，立马匆匆赶到袁哲办公室，看他们都各自闲聊，就让袁哲带着认识黄炎培先生。

跟着袁哲走进了会馆客房，门开着，张筑音看见几个男人正在说着什么。一个看起来有点微胖的中年男子坐在正中，一张圆圆的脸，带着暖暖的笑容，一双炯炯有神的眼睛，高挺的鼻子，薄薄的嘴唇，让人感觉很亲近。想必他就是大名鼎鼎的黄先生。张筑音正寻思时，只见袁哲敲了敲门，然后问道：我可以进来吗？

里面正在低头说的人不约而同抬起头，起身笑着说：当然可以啊。公为兄，请进。

看见他们都起身，袁哲有点不好意思，袁哲直接大步走到正中那个人面前，连忙问道：我没有打扰到你们吧？

旁边几个人笑着摆摆头，然后各自走出去了。

黄炎培看见一身西服的袁哲身后还有一位青年女子，不知所措。袁哲开门见山说：黄先生，这位是内人，一直很喜欢你的文字，敬仰你，今日听说你来，非要来见见您。

黄炎培凝神看了看袁哲身边的张筑音，一身浅黄色纯色旗袍，短发，面容秀美的女子，点了点头，伸手问好。

黄先生，真的对不起，这个时候打扰您。

没事。很高兴认识袁夫人。

黄先生，我看过你的很多文章，知道您对诗词颇有研究，所以我冒昧的打扰，请见谅。就是想向你学习、请教有关文学方面的知识。

袁夫人喜欢创作？写诗词？

哪里，我只是喜欢，所以常常胡乱写点什么东西。

不错啊。袁先生做图书杂志审查，袁夫人创作。你们这可是典型的夫唱妇随啊。

袁哲忍不住笑了。张筑音羞了。连忙拿出自己昨夜整理出来的几篇诗词作品，请黄先生看看，心如鹿撞，心怦怦的跳。

张筑音记忆最为深刻的，是黄炎培讲解她的《杜鹃花二首》：怒放繁花景已深，花前雨后湿澄襟。寻她返顾千山里，鸟语风声独自闻。

黄先生看了之后说："还不错。这是七绝首句入韵吧？"

张筑音愣了一下，心跳加快，手无足措，脑里一片混沌，她只是想着诗的格律，没太在意是首句入韵。心里瞬时震惊，大师终究是大师啊，人家看一眼就知道是什么，自己写的，都没想过这些。

黄炎培看她紧张的神情，浅浅地笑了一下。然后说：诗的格律比较严格。现在人写诗运用的都是平水韵。你一句的韵脚是深，是平水韵下平十二部侵韵部。第二句韵脚襟也是平水韵下平十二部侵韵部，但是你的第四句韵脚闻是上平十二部闻韵部。每个韵部包含若干字，作律绝诗用韵，其韵脚的字必须出自同一韵部，不能错用。

听了黄先生的话，张筑音这才发现自己的押韵存在的问题。不禁汗颜。站也不是，坐也不是，感到尴尬极了，只好咧着嘴，不好意思地看了看黄先生。黄先生一笑，轻声说：这是写诗人常忘记，不足为奇。那一次，张筑音的诗词作品得到了老师的修改，受益匪浅。张筑音一致认为，诗严格的格律让人感觉很有束缚，不能自由创造和发挥，没想到原来诗的形式是多种多样的。

原打算晚上请黄先生在家吃饭的，可惜黄炎培下午有第二次审查会，听行政机关代表报告一直到下午五点，又被蒋介石召见，听取他们的意见后，黄炎培就匆匆地飞往桂林了。这一年，张筑音没有再遇见黄炎培。

短短的两个小时，让张筑音感觉自己在诗词方面还需要摸索学习。黄先生的几句话，宛如一盏明灯，指引她对文学诗歌的热爱。摇曳的时光，似是一地朦胧，在张筑音记忆里，黄炎培知识渊博，是个睿智的智者。能得到他的指点，那是一种幸福，更是一份骄傲。

张筑音在时光中，慢慢蜕变，成熟，惊艳。时光让她在书中如诗般端庄，如茶般韵味悠长。也如风般雅致。自从嫁给袁哲，书成了她生活必需品。虽然袁哲工作偶尔调动，在国内几所大学转，但是针对一个家庭而言，意味着几次搬迁。一对夫妻，带两个孩子，对于大学教授而言，生活似乎也只能凑合。不过，阳光温淡，岁月静好，张筑音不觉得有什么不好。相反，这样的生活使她和教授、学者、作家们靠得越紧了，让她更富有了一份淡雅。

一九四五年到一九四九年，是袁哲较为忙碌的几年，也是张筑音文学创作高峰时期。这几年，袁哲是复旦大学教授，又是上海育才中学校长，但复旦大学校区和宿舍区是分开的，所以张筑音带着孩子就住在复旦大学家属宿舍嘉陵村。没想到，一九四六年黄炎培也在上海创办比乐中学，探索兼顾升学和就业双重准备的普通中学。因为都在上海，而且都为中学教育忙碌，他和袁哲的交往也就开始延续，听到这个消息，张筑音很是高兴。

五月的上海，繁花似锦，绿荫如海。清风徐徐，各种深浅不同的绿色，铺满了大地，弥漫着芬芳的清新空气扑面而来。袁哲和黄炎培一起参加了上海教育聚会，会议散后，袁哲邀请黄炎培到家里做客。那一天，袁哲带着黄炎培走到复旦大学家属楼自己家时，张筑音正在客厅看书，听说黄先生来了，很是惊喜。没想到时隔三年，还能相见。

一个有文化底韵的人，有思想的人，几句话，都给人不一样的感觉，宛如春天，清新、明亮、坦荡。

看到黄先生，张筑音说：黄先生，真没想到，我们还能相见。

黄炎培也笑着说：是啊，袁夫人，我也没想到啊。现在我和公为兄都在同一城市做事了。

张筑音说：难得你今日来，我为你沏一杯我自制的桂花茶吧。

袁夫人会做茶？

哪里，我是按照我们湖南老家的方法制作的。

张筑音没事时，就会沏一杯桂花茶，手里捧着一本书，慢慢品尝茶香，慢慢浸染书墨，忘了平凡而琐碎事。那样的时光，沁人心脾，令人陶醉，是张筑音最为喜欢的。

边说边拿着一个白底蓝花的瓷杯，在里面放了一点桂花，用开水烫一下，再用开水冲泡。黄炎培看着她一步一步的沏好茶，端放在自己旁边的桌子上。白色杯子里的开水慢慢的在变暗红，并把沁人心脾的花慢慢释放开来，随着热气上升，一股浓郁的桂花香味扑来。黄炎培不由自主的被一股清香所吸引，忍不住深呼吸一下，然后对袁哲说：这茶真香，真不愧是十里飘香的桂花。

袁哲说：我也觉得这茶还不错，这种香气浓郁的简直使人迷失方向。

黄炎培说：茶还没喝下，人已被桂花香熏醉了。湖南很多人喜欢花茶。

说到湖南，黄炎培似乎很有感触。张筑音连问道：难道你去过湖南？

黄炎培说：湖南我去过多次，湖南人我认识的更多。你们湖南出人才。

光阴似箭，岁月如梭，张筑音离开湖南老家已有些年了，此时听到黄先生这样夸湖南，张筑音有点小小的自豪和淡淡的想念。对于张筑音来说，读书是一种享受，就像是和智者说话。而和大师们交流，更让人感觉书中有一股无形的动力，越发喜欢去思考。张筑音不会错过任何学习的机会。这次看见黄炎培来，也不忘把自己这三年的诗词作品拿出来请黄先生指点。

黄炎培看了之后说：你的诗词进步很大啊，格律严谨，对仗也能独具匠心，看来你这几年在诗词方面下过工夫，这些作品很不错。

张筑音一听，心花怒放，眉角含笑，情不自禁地点头，心里比吃了蜜还甜。

不知不觉，天色渐暗，使得袁哲不好意思，连连说：我约黄先生来是打算说说我们的事宜啊，我们的事没说，今天倒是给你上课时间啊。

张筑音听了，反而感觉有点小小的骄傲。同时也满是感激。夜晚，张筑音做了几样上海小菜，炒了一盘湖南的糯米辣椒。黄培炎吃了一个，感觉很有特色，就问张筑音：袁夫人是自己做的？

张筑音说：是的。我也是按照老家的法子做的。

哎呀，味道很独特。我还没吃过这样的辣椒。

其实很简单的，就是把糯米洗干净煮熟之后放进辣椒内。然后腌制。

湖南人聪明，湖南女人更胜一筹。难怪袁夫人的诗词作品韵味悠长。一方水土养一方人，袁夫人的根在湖南。

……

偶尔想起这些，随手拾来，皆成妙趣，张筑音心底暖暖的。

春去秋来，人随时光流逝而淡，记忆却在时光里越来越清稀薄。那年草长莺飞的日子，夏花在指缝间蹁跹的五月，将张筑音对初夏的情感又多了一丝美好。那年五月的阳光，张筑音都觉得和花儿一样清甜，让人忍不住打开记忆的闸门，温习黄先生的话语。

或许，在时间面前，很多事，只配当回忆。很多人，在情感之上，只能做过客。但对于黄炎培，张筑音却不能忘。每次听见他的名字，就会想起这些点滴。因为他的两次到来，是对张筑音诗词创作的最大鼓励，也是她坚持的最好理由。

【22】诗涌着的日子——郭沫若的几句语

时间如流水，转眼，是一九四四年十月，袁哲和张筑音在重庆已经一年。

袁哲每天提一个皮包到南岸的中央政校去上课，身为国民党中央图书杂志审查委员会第一处处长，也要在国民党中央图书杂志审查委员会上班。所以，他每天都是在储奇门穿梭，往来南北两岸。那时储奇门是重庆北岸到南岸去的重要摆渡口，所以成了重要交通要道，蒋介石到南岸常从这里走。和袁哲一样往返的，还有一个人，那就是国民党文化工作委员会主任郭沫若，国民党文化工作委员会主任。

十月的重庆，天淡蓝淡蓝，不过，色调中多了一份凝重，少了一份浓郁。放眼望去，山山水水都笼罩在暖暖的夕阳里，片片落花染得秋色渐起，弥散着微薄的寒意。微微的夕阳下，湖面上映照着绚丽的晚霞，红黄交织着，散发出一种凄美。张筑音等着袁哲下班回家，帮助整理他的工作袋。

突然一张表从包里飘落下来，她拾起一看，是一张学校安排活动表，上面有郭沫若的名字。一下子打破了她的平静，大声问："公为，郭沫若也去你们学校？"这时袁哲正在准备明天上课的资料，也没抬头，轻描淡写地问："怎么了，你想认识他？"

看袁哲漫不经心的反问，张筑音扬起头，面对他声音提高了一度："当然啊，我在图书馆刚刚还看过他的《女神》。"

袁哲听她这么响亮的回答，抬头望着她问："就是有《凤凰涅槃》那篇的？"

"是的，里面还有很多诗篇，都是他在一九一九年到一九二一年留学日本时的诗作。"

"看来你读得很仔细的，记得这么清楚。"

"那是当然，里面的一些词句，像火苗，看过的人都会有印象。"

"嗯，他是一个富有浪漫气息的诗人。"

"诗人也给你们学校作报告？"

"他文化工作委员会主任，怎么就不作报告了？"

"你们是什么时候认识的，我咋一直没听你说过？"

"早就认识了，在一九三八年就认识了。"

"这么早？一直没听你提过。"

"没和他一起共事，交往不多，只是认识，所以也就提得少。"

"什么时候请他来家里做客吧。"

"哈哈，我就知道你会这么说。"

"你是我肚子里的蛔虫，啥事你能不知道？"张筑音笑着瞟了他一眼，然后低着头。

听了张筑音的话，袁哲整理得差不多了，准备出门。走到门边，张筑音扶着门对他说："别忘记了啊。"

"知道了，你说的话，我啥时候忘记过？"袁哲笑着温柔的看了看她，转身走了。

第二天，袁哲上完课，走到办公室，看见办公室里比往常多了几个人，好似在说着什么。他放下课本，走到门边准备离开时，听到背后有人叫他："公为兄"他扭头一看，是一身中山装的郭沫若，戴着一副眼镜，从人群中走出来。

"哎呀，郭先生，好久不见啊。"

"我们这不是又见了吗？"郭沫若笑着风趣地说："我常去国民党海外部，但对于附近的中审会去得少，看样子，我得常去坐坐才行。"

"随时欢迎。"

"公为兄的家安在何处？"

"就在中审会不远，储奇门附近的羊子坝，欢迎郭先生来做客。"

"好，羊子坝是重庆市中心，交通方便，你上班也比较近。"

两人正说着，有人叫郭沫若进入大会堂做准备作报告了，郭沫若向袁哲挥挥手，匆匆走了出去。袁哲下班回来之后，就把这事告诉了张筑音，张筑音听了，喜出望外，睁大眼睛作着鬼脸说道："那我现在就得好好想想，向他请教哪些问题。"

那几天，张筑音睡得很晚，趴在写字桌上拿着郭沫若的诗集认真研读起来。越读越感觉自己好似就是诗中的主人翁，摆脱一切束缚，属于自己特有的个性尽情的发泄出来，情感炽烈而张扬。特别是诗歌中那令人振奋的呐喊，带着闪烁的火苗，煽动着自己内心深处的温度，漫天飞舞，到处奔腾。

郭沫若的诗集里，一句句，像激流，冲击着灵魂，想象丰富，描绘出豪放热烈的画面，表达了对祖国的满腔热爱。致使她到了图书馆就找众多文人的诗集，贪婪地吮吸着大师们诗歌里的营养，激发她对诗歌如火如荼的热恋。

每天看见图书馆，她觉得自己像是在阳光里跳舞。而在图书馆里待的日子，成了她梦中的天堂。在她心里，诗歌是歌、是曲、是花、也是画。夜晚，诗歌又像一位儒雅如玉的情人，韵脚就是他的眉眼，婉约就是他优美的身姿，而唯美和浪漫就是他神秘的面具。诗歌成了活在她梦里的天使，让她每天都感觉走在童话的王国，和精灵们窃窃私语。除了能及时把自己瞬间的感悟和想到的字句记录下来，她还很希望能有老师给予指点和帮助。

她所希望的，或许，袁哲也懂得。所以，才有了她和自己所仰慕的文学大师的相见。

　　九月的一天，天空澄碧，纤云不染，张筑音刚下班回到家，正和女儿准备做饭，就听见门外袁哲的叫声："筑音，你看看谁来了。"

　　张筑音抬头从厨房的窗口望去，只见袁哲和一个五十岁模样的男人并肩走来，此人一身灰色中山装，戴着眼镜，文质彬彬的样子，和袁哲有说有笑地走来。张筑音想了想，满脑袋里想着，这人会是谁？好像没见过。

　　张筑音一边在脑海里使劲的回忆，一边从厨房笑着走出来，站在门边迎接。袁哲看她一面的狐疑，就知道她不知道，连忙笑着说："筑音，这可是你一直崇拜的人哟。"

　　袁哲这么一说，张筑音恍然大悟，立马弯着腰笑着说："郭先生，您好。"

　　"额，想必是袁夫人吧。"

　　袁哲点了点头，对郭沫若说："这是内人，张筑音。现在图书馆工作，是你的崇拜者。"

　　听袁哲这么一说，张筑音不好意思，脸上立马飞上了红霞。

　　看见张筑音如此，郭沫若说："看来袁夫人也是喜欢文学？"

　　袁哲望着郭沫若认真的说："昨天还说到你呢？"

　　"啊？"

　　"她啊，就是一个书虫，喜欢文学，喜欢诗歌，前不久还看了你的《女神》，昨日还交代我有机会一定要邀请你来家里做客。"

　　"哎呀，这么巧？那我来可有理由了啊。"

　　"进来吧，别再门口老站着。"张筑音招呼他进屋，给他倒茶之后扭头对袁哲说："你们先聊，我去做饭。"

　　因为有了自己仰慕的文学大师来，张筑音也就多做了几个菜。吃饭的时候，郭沫若突然对张筑音说："夫人是湖南人？"

　　张筑音很奇怪，好奇的望着他问："你怎么知道？"

　　"夫人做的这几道菜，有两道是湖南口味，所以我猜的。"

"先生都能吃出湖南菜的味道？"

"当然啊，我最好的朋友就是湖南新化的。"

听到新化两字，张筑音的心一下子像乐开了花，立马沸腾起来。大声说的："新化的？"

"是的，我的好友成仿吾湖南新化县的。"

"额，我听我哥哥提起过这个名字，他现在在哪里？"

"他现在在延安。"

"先生怎么和他认识的？"

"我和他是在日本冈山第六高等学校的同学，后来一起在北平。"

张筑音这才知道，原来郭沫若不仅是个诗人，而且还是个语言天才，懂五国语言。说到文学，张筑音憋不住说："郭先生的诗歌像是熊熊燃烧的火，让人沸腾。"郭沫若愣了一下，然后微微一笑，说了一句："哈哈，夫人更有想象力，比喻更贴切。""她啊，还写有你的诗歌赏析。"

"真的？我可以看看吗？"郭沫若眼睛里充满了惊喜和好奇，扭头看着张筑音。张筑音经袁哲这么一说，也就不再羞涩，转身把放在抽屉里的信纸拿了出来。郭沫若连忙展开仔细的看了起来。张筑音就立在一旁，静静地凝视大师的一举一动。许久，郭沫若看完了，放在手心，沉思了一下，然后抬头对张筑音说："你的赏析很独到，有见解，不错。这是我看到的第一个女性读者写的赏析。也是最好的一篇诗歌赏析佳作。"

"哈哈，你这么说，她倒是不好意思再向你请教了。"袁哲看见张筑音欲言又止的模样，让人心疼几分，怕她不难开口，就开门见山说明了。

"你这篇赏析阐明了你对诗歌的见解以及对诗歌美学的观念。你读过诗歌美学？"郭沫若抬头看着一脸紧张的张筑音轻声问道。

面对郭沫若的疑惑，张筑音低着浅眉，红着脸颊，满脸羞涩，不好意思地说："我没有，这些只是我读了很多诗歌之后的感觉。可能评析很不到位，让您见笑了。我个人认为，每一篇文字，不论是什么，如能通过这这巧妙的构思，让景与情融合无间，浑然天成，达到一个完整的意境，那是最好的。诗歌不仅是要写出生活里的真实魂魄，还需要艺术修饰，创造出艺术性的美，才是诗歌吸引人的地方，也是诗歌存在的根本。直白和含蓄，都是一种感情的宣泄和描述，所以，我都喜欢去细读和揣摩。"

郭沫若听完，对袁哲说："哎呀，袁夫人在图书馆工作很有收获啊，对文学有天赋啊。"

"你这是在夸奖她，把她说得太好了。"

"哪里，这白纸黑字，我能掩盖？"

听了郭沫若的话，张筑音对诗歌的创造更有激情和灵感，一天下来，总会在夜晚临窗而坐，写点什么。偶尔想到什么，她就会写在自己早就准备的小纸片上，等夜深人静时，就放在她自己的小抽屉里。一年下来，写字桌的抽屉里放满了堆积的小纸片，纸片上都是她随意写的断章片语。

从一九四三年开始，郭沫若常到中审会坐坐，发表一些时政见解，袁哲洗耳恭听。不过，这一年，郭沫若因为忙碌，没有来袁哲家里做客。一九四四年，到袁哲家里闲聊过几次，偶尔也和张筑音探讨诗歌，其中有一次是特意去为张筑音的一篇诗歌讲解。

那是一九四五年的早春，柳絮萌芽，桃花点点，暖暖的阳光静静的照射着大地，只是空气中还弥散着微薄的寒意。按着惯例郭沫若应该去中审会开会，那天因为码头人多，天色也有点阴沉，好似快要下雨了。他犹豫了一下，转身去了袁哲家。看见大师特意前来，张筑音很兴奋，招呼之后，就看见郭沫若拿出她的诗歌《忆》：

三月的花，四月的天。错过季节的相逢，掩不住岁月的孤独。鸟在江南，花在天边，山影对着烟雨温柔的凝眸，荼蘼无数，落红凄楚，挥不去尘世的沧桑、人间的云雾。

这首诗歌是她看了郭沫若和戴望舒的诗集之后，在纸片上写的几句，就夹在了郭沫若的诗集里，没想到她上次向他请教之后，忘了拿出来。

"你的这首诗歌很有徐志摩的味道，浪漫、唯美、空灵，用的是词韵，是如泣如诉的伤春词。用含蓄的笔法描写了对春事远去的叹息，逐步深入，引出惜春怨情之意。这首诗歌妙就妙在由远而近，逐步推移，无比幽深。没有写人，但读来却能感知主人翁的憔悴模样。佳人眼中之景，春色已去，留下满目凋零的痕迹。看你这首诗歌，我首先想，文中的主人大概就是欧阳修的《蝶恋花》里的一句：'泪眼问花花不语，乱红飞过秋千去'吧。"

张筑音笑了笑，轻声的念叨："庭院深深深几许？杨柳堆烟，帘幕无重数。玉勒雕鞍游冶处，楼高不见章台路。雨横风狂三月暮，门掩黄昏，无计留春住。泪眼问花花不语，乱红飞过秋千去。"

"你对词这么熟悉？"听到张筑音能轻易把这首词完整的背出来，郭沫若有点惊奇。坐一边的袁哲解释道："她啊，从小就在私塾读过五年，五年把古典书籍读个遍。所以这个是她强项。你只要提到哪首，她都能说出几句。"

"难怪，我只是提到这首词，她能立马背出来。"郭沫若的眼睛里流露出赞许的目光。

张筑音的脸顿时宛如漫天的彩霞，羞羞答答，低低地说："欧阳修的这首情景交融的词，创造风格承接了南唐之风，看似是伤春，为花而伤愁，实则自伤。叹息落花心有泪，落下的是花，也是泪。物我合一，凄婉动人。"

"嗯，不错，对词有很深的认知。我想，你的其他文字可能也和这诗歌一样，遣词造句力求意境浑融，语言清丽。"

"嗯，我是很喜欢古典文化，喜欢唐诗宋词那含蓄蕴藉的意境，婉曲幽深的情感，耐人寻味画面。喜欢带有诗意的文字。所以在写的时候，也就有意无意的成这样了。可能是习惯吧。"

"能有自己的风格，也就是自己文字的招牌。不一定非要跟着时代潮流赶，现在白话文，但是能在这个基础上形成并保持自己一定的文风，也是很不错的一个文学创造构想。"

这是张筑音第一次近距离和文学大师就自己诗歌方面进行畅谈，

听了大师的一席话，张筑音感觉自己的文字有了努力的方向，不再迷茫和彷徨。郭沫若的这一些话对她的文风也是一种肯定和鼓励，为她的创造打下了理论基础。让她的作品能在上海文艺界脱颖而出，成为备受关注的作家，也是有一定的影响。

不过，从这以后，张筑音总是想着，希望能有一个充足的时间，让她能好好跟着郭沫若听听课，把他装在脑海里的东西都学一点。可惜，这样的交往并不多，一九四五年六月，郭沫若离开重庆抵上海后，两家中断联系。虽然一九四六年夏，袁哲一家也离开了重庆，到了上海，袁哲和郭沫若偶尔在文化教育聚会上相遇，只是很少像以前那样随意闲聊了，张筑音也没再遇见这位让她受益匪浅的大师，更别说还能像以前那样请教他。

【23】 漫画外的友谊——丰子恺的两次出现

一九四五年晚春，张筑音有空就扑在桌子上写着自己构思的小说，有时都忘了时间。一天下午，她又忙着写写画画，都不注意袁哲的敲门声，等袁哲自己开门进来，站在她身边，她才吓一跳。看她惊讶的神情，袁哲笑了说："哎呀，我看你是中了文字的毒。"张筑音连忙起身，看了看墙上的挂钟，才知道要做饭了。袁哲一边帮她整理桌子上的纸张，一面对着厨房忙碌的她说："听说丰子恺最近要回来参加他老师夏丏尊的葬礼了。"

"哪个丰子恺啊？"张筑音问道。

"就是那个漫画家丰子恺啊。"

丰子恺

　　张筑音想起了，在一九三八年的夏天，张筑音在袁哲宿舍里看书，无意翻到了一本上海儿童书局出版的《世界各国小学教育概观》，发现封面写着：袁哲编述，丰子恺题字。内封又注明：丰子恺作封面。那是张筑音第一次看见袁哲的文字，好奇之余，仔细翻看了一下，都是关于儿童教育的，封面的设计让她感觉很有味道。婚后在整理袁哲书柜时陆续发现家里还有不少丰子恺翻译的书籍和漫画作品。简单的线条，意境深远，这是丰子恺漫画给人的第一印象。他的每一幅漫画作品，都能让人感受到浓浓的生活气息。每一幅画，就是一个真实的小细节。往往是被人忽视的一些东西，被丰子恺几笔赋予了更多的意蕴和生活哲理。张筑音很喜欢这样有生活情趣的作品。此时听袁哲再次提起，就忍不住问起。原来袁哲和丰子恺是浙江老乡，两人学的都是教育专业，所以两个人一直交往密切。

　　五月六日清晨，张筑音推开窗，微风徐徐，青草的芳香迎面而来。院子里的花花草草随风摇曳，感觉清新和淡雅。偶尔听到几声麻雀细微而柔弱的叫声，夹杂在浓郁的花香中。让人不由自主的想到了"风暖鸟声碎，日高花影重"的诗句。

　　丰子恺穿着蓝色长袍敲响袁哲的门，张筑音这次看见长有长长的灰白胡须的漫画家沐浴在柔和的曙光中，清秀的面容，满是暖暖的微笑。

　　好友相聚，难免有说不完的话。丰子恺和袁哲话里话外都是他们过去的点滴，还有对现在教育的担忧。或许，是江南的灵韵赋予了他们共同的追求，使得两人对教育教研有浓厚的兴趣爱好，结下深厚的友谊。

　　吃过午饭，天色突变，淅淅沥沥的春雨飘然而至。晚春的雨如雾看不清，若有若无。时而如烟笼罩着这个繁荣的城市，时而飞溅的雨花如潮扑来，缓缓浸透衣襟。远处的景物如同淡淡、蒙蒙的水彩画，流淌着江南水乡的清秀。而搁在雨帘外的人，也在柔和的雨雾中，忽隐忽现。

　　张筑音一个人静坐在房间，因为看书或写作而忘了外面，使得和朋友闲聊的袁哲喊道："筑音，窗外下雨了。"

丰子恺说：这雨珠儿是在大自然的琴铉上跳舞啊。

张筑音听了，看了看，心想：或许在雨中飞奔的人就是跳动的音符吧。穿梭之时，奏出优美的旋律。

等丰子恺离去，张筑音说：这个丰先生和他的老师李叔同大师一样，琴棋书画，无一不通。不仅文学追求一致，外形感觉相似。不过，他说话像是写童话。

袁哲说：漫画家能静心作画，研究儿童心理，本人就会在童话里锤炼了。

那时的丰子恺谈笑风生，烟酒不离手，特别是有了绍兴黄酒时，就会和袁哲联系，相约一起品尝。有时他喝完酒，拿起笔画画，然后人扬长而去。酒醒之后再问他，说过什么，啥都不记得了。相反还特意问袁哲，他是怎么回家的。

丰子恺和袁哲两个人的交往虽然淡如水，但是友谊却可以跨过千山，越过万水，一如既往，不曾黯淡。正所谓：人与人之间只有平淡如水的共事，才能知晓友情的珍贵，知己之间只有剪不断的往来才能增添感情的厚度，才能共同见证世间的飞雨流云，任凭潮起潮落，淡然人生的千变万化。

九月，丰子恺出版了画册《子恺漫画选》，张筑音看了之后，惊奇的对袁哲说：真没想到，丰先生这么厉害。他画的就是我们生活里极为平常的一些片段。其中很多就是我们带孩子时的一些事情，但是经他几笔一画，感觉就不一样，好像更富有诗意和童趣了。

袁哲说：艺术家的灵感就来自生活，但是能把平凡深化到一定高度，这就是艺术家的高度。

张筑音疑惑：他可真细心，对孩子观察这么仔细。

袁哲笑了，说：他对童儿心理很有研究的。

难怪如此，遇见这么细心的爸爸，他的孩子真幸福。

这话后来被丰子恺知道后，在一次吃饭后，看见张筑音忙着整理孩子的东西，对袁哲说：你看，袁夫人现在就在漫画里，是漫画里的人物。

张筑音听了，愣了一下，想了想，笑了。

或许，凡是与儿童有关的人，都是这般吧：身在红尘，心在净土。淡定从容，品味生活的酸甜苦乐，面对生活的琐碎，依旧保持内心的童真和明媚，既是一种人生境界，也是一种人生态度。

十月，张筑音把丰子恺在一九三一年翻译的屠格列夫的小说《初恋》看了几遍之后，就对丰子恺说：屠格列夫的作品简洁、凝炼，小说结构严整，情节紧凑，人物个性鲜明，但是故事情节比较单一，更适合写诗歌。

丰子恺有点惊讶，没想到她怎么会有这样的思维结论。

张筑音说：他把故事放在重大的主题下，营造出戏剧化的场面，但是单一的故事属于直线思维，不利于读者多向思考。他用诗意的笔调刻画凄婉的感情，很适合创作现在文坛流行的浪漫派诗歌。

袁哲在一旁笑着说：她最近看了徐志摩的不少作品。

丰子恺听了，微微一笑，对袁哲说：公为兄，听说夫人的国文功底不错，也可以写写现代诗歌。

张筑音忙摇摇头说：我哪行啊，我的文字缺乏徐志摩的旖旎，他善于细致雕琢艺术形象，字字句句都充满诗情画意，我只能读。

丰子恺说：屠格列夫的与众不同之处是语言精准，在创作时注重思想与语言的统一。张筑音想了想，说：或许正如书上所说：思想美好，词句就有力吧。要不，怎么能造成语言的准确呢？

……

那一次他们聊了很多，直到下午五点多。

秋日的夕阳，淡淡的，也是静静的。喧嚣在黄昏里逐渐落寞，天边的晚霞温婉而内敛，含情的目光默默的凝视大地，风儿似乎带着她的衷肠，在耳边厮守。天色不早，张筑音就做了几样浙江小菜，袁哲拿出上次未喝完的黄酒，留丰子恺在家吃饭。席间，一谈到孩子问题，丰子恺就滔滔不绝，眼睛里流露出浓浓的爱意。张筑音在想，是不是每一个疼爱孩子的人只要用心去体会和感受，都能把复杂的生活琐事

在江南一隅，农村的生活是轻松愉悦的。

芳草碧连天的斜阳下，绿水萦绕，紫藤洒落，听小鸡叽叽喳喳说个不停。

人世间的幸福，悄然定格在浙江的老家旁。

做的很有艺术情调？把平淡的世俗过得很有乐趣？

因为都在上海，两家的交往也就一直没有中断过。他们常在一起，不是在家中悠然落棋，就是在树下花间醉然品酒，两人往来甚密。丰子恺时常口出妙言，极富有童话味道。让张筑音的思绪仿佛随着时光的倒转，置身于儿童乐园。幽默点滴写不完，丰子恺的生活乐趣画不尽，润透了江南女子张筑音的心，让她感受红尘之外的飘逸，懂得人世间的纯真，在喧嚣的物质世界，诗意地栖居在自己的文学乐园。

后来，丰子恺把自己翻译的《猎人笔记》送给袁哲，并对袁哲说：袁夫人喜欢屠格列夫的作品，这本就送给她吧。没想到等张筑音把这本书看完，等丰子恺一来家里玩，就借机向他讨教文学方面的知识，攀谈文学创作。直到一九五八年袁哲被扬州师范学院宣布开除，送江苏滨海劳动教养，张筑音再也没遇到那个胡子飘飘的丰子恺。

一九五九年，袁哲没有工作，无聊空虚时，经常会想起他和丰子恺的往昔，和张筑音唠叨曾经。张筑音也逐渐知道他们交往的点滴，一九二九年时，丰子恺在上海开明书店做编辑时，袁哲还在杭州商业学校学习，彼此只是偶尔书信联系。丰子恺给袁哲赠送了自己在一九二六年出版的《子恺漫画》、一九二七年出版的《子恺画集》和一九二八年出版的《西洋美术史》三本书。这三本书看之后，袁哲对丰子恺说：名副其实的才子！

一九三〇年七月，袁哲在上海劳动大学教育系时，还担任社会局专员，上海务本女中教务主任，和丰子恺有了更多的交往。当丰子恺得知袁哲对儿童教育颇有兴趣时，很是开心，常和他一起聚聚。两人相会，一盘凉菜，一瓶绍兴黄酒，就足够丰盛，让人沉醉。那一次，两个人根据自己所学专业，结合当时社会教育实际情况，就如何做好儿童教育问题，秉烛夜书、谈笑风生。成为了他们最深的记忆。九月，听说袁哲在上海劳动大学教育系写的《世界各国小学教育概观》书稿完成，丰子恺特别的高兴，两人在开明书店旁边的浙江餐馆里闲聊。

那天他们浙江餐馆人很多，特别是这里的黄酒，均来自绍兴。所以浙江人都喜欢来这里吃饭品酒，尝尝家乡的味道，温暖流浪的人。

烟酒不离手的丰子恺是这里的常客，也是他招待亲朋好友的主打地。看到袁哲拿着一本厚厚的稿子，丰子恺主动请缨，要做第一位读者，并且说："公为兄，我没有帮你什么，就让我写书名，设计封面吧。"

袁哲一听，正中下怀，连说："太好了，你的书法和绘画是没话说，我正想请你题字画画呢，一言为定。"

就这样，两个人合作的第一本书问世了。

一九三一年，丰子恺的第一本散文集《缘缘堂随笔》由开明书店出版，袁哲是他的第一读者。而一九三三年，袁哲翻译的《儿童研究》成了他们对教育共同研究的标志，后来听说袁哲作为公费留学生在日本学儿童教育学，他拿着一瓶黄酒放在桌上，对袁哲说："来，今天我们不醉不归。"

不常饮酒的袁哲惊奇地望着他，充满疑惑。丰子恺不是不知道，袁哲因为身体问题，不吸烟，酒也喝的很少，只有绍兴黄酒喝一点点，算是尝尝味道。丰子恺深深地望着他，认真地说："今天我们喝的不是酒，是老家的情怀。我们说的不是闲话，是每一个教育者的目标。"

袁哲说，那一次他们都醉了。张筑音说，眸光流转，对于往昔，袁哲的记忆还是那么清晰。那时因为朋友无需多成群，懂心知己就一人，足矣。所以醉了。人的一生会遇到许多的人和事，但是不一定都能成知己。人与人从相逢到相识需要缘分，有缘自会相逢。哪怕是隔着千山万水，冥冥中也会在一个特定的环境下相逢。犹如袁哲和丰子恺。

雪
霁
梅
稍
有
梅
花
之
不
寒
谁
共
坐
寒
雪
长
笛
隐
山
胡
翁
之
藏
于
酉
笔
于
新
月
逸
于
雪
虎
笔
之
扇

第六卷

被岁月覆盖的点滴

　　深冬的乡间，纵横交错的小路，蓦然抬头，山那边，枯树黛影花开。白白的，嫩嫩的，
一身黄蕊，千姿百态，墨染苍枝。色艳丽而不妖，清幽而淡雅，苍古而清秀。众芳摇落，傲
霜斗雪，越是寒冷，开得越是精神。

岁月流逝，很多人很多事，很多风景，随时光的干枯，随人事而淡漠，逐渐成为永久代表的画面。

在闲逸的日子里，独倚轩窗，娇柔妩媚的女子，楚楚动人的身影，悄然滑过。世人记得与否，不重要。只要有一个深爱的人看见了，嫣然浅笑过，就足够。

你是谁，我是谁，在时间的长河里，都是一粒尘，立于人影之中。

一座城，一骑风尘，一群人。重庆的雨雾，上海的霞光，或许，人人都知道，在脑海匆匆掠过。只是，在她最好的年华，没拍下她绚烂的笑，没聆听她呢喃软语，知晓她旖旎的心事，诉说她今生最美的传奇。

一张张泛黄的照片，一篇篇日记，满溢着幸福，跃然纸上。

一行字，一个脑海里的片段，都是她低眉含笑时，无声的欢喜与眷恋。传达的是一个人的轨迹，蕴含的是这个人淡淡体香。

【24】复旦记忆——章益不为人知的瞬间

一九四六年初，袁哲担任上海育才中学做校长，全家跟着搬迁到上海。后复旦大学校长章益觉得他在教育方面的理论知识不用来教学太可惜，于是就聘任袁哲为复旦大学教育系教授。此时的章益是国大代表、国民党中央监察委员；袁哲是国民党上海市监察委员、复旦大学教授。古人云：近水知鱼性，近山识鸟音。两个人做什么都联系在一起，也决定了两个人在很多事情上的命运。

为了大学教学方便，袁哲一家搬进了复旦。复旦大学家属楼是一栋二层楼的日本式楼房，袁哲一家住在二楼。家比较狭小，只有一个客厅、二个卧室和一间煤气卫生间。那时袁哲的二儿子袁道中在复旦附小读小学一年级，小儿子袁道之尚在怀抱中，女儿在复旦大学读书，也就住在复旦大学家属宿舍嘉陵村自己家里。只有大儿子袁道先在育才中学读高中，平时住校，周日才能回来。因为孩子多，卧室少，所以在复旦大学读书的女儿每天晚上只能在过道上用一张行军床打铺，早上起床就拆掉。全家人吃饭和活动都在客厅。不过还好，家里唯一活动场地客厅里的转角处还有一个写字台，后来成为了张筑音完成第一部小说《阳春曲》的功臣。

因为工作安排，踏着细碎的脚步，从复旦大学到育才中学有一段

章益

路程，袁哲有一辆专用的三轮车，车夫叫老陈，是一位很和善的工友。袁哲每天去市区山海关路育才中学上班，大约要一个小时。一路上，都是和老陈拉家常，说说彼此的孩子。而每天张筑音目送他们消失在街头后，才转身回家带孩子，打扫卫生。中午袁哲多数在学校吃饭，所以张筑音可以利用中午时间为自己沏一杯茶，遥想一些心事，让往事在心底慢慢荡开，落下一层层涟漪，缠绕指尖，凝成一个个富有生命的文字，爬在白纸

1947年上海《大晚报》刊登张筑音的小说连载《阳春曲》。

上，让人慢慢靠近，细细品味。

一九四五年十月的一个周末，阳光明媚。天空好像用清水洗过的蓝宝石一样，令人心醉。难得孩子们都在家，张筑音准备带着小儿子在复旦大学家属宿舍嘉陵村前后转转，陪在复旦英语系的女儿去四川北路海宁路的国际电影院看《人猿泰山》、《出水芙蓉》等美国大片。推门就看见袁哲在和一个个子不高的圆脸戴眼镜的中年男人说话。

一身灰色长袍的袁哲看见张筑音牵着孩子，笑着叫住她，对她说：来来来，我介绍下，这位是复旦大学的章校长。

张筑音早就对复旦大学仰慕许久，对于丈夫在这里工作，她是一百个高兴。对于章校长，张筑音早就听说他为人聪敏，学贯中西，精通英文，粗通俄文、法文，在致力于心理学、教育学研究的同时，还涉猎外国文学的研究，在文学方面也有较高的造诣。对这样多才多艺的人，张筑音更是仰慕。

圆脸，眼神温和的章校长笑着看了看张筑音说：公为兄，对不起啊，我没打扰你们吧？

章益说话声音很轻，语速不快也不慢，听他讲话，很舒服，让人感觉很亲切。在他外形上看，找不出留洋派的点缀。除了一副眼镜，衣服装扮很朴实。

没有，没有。你们继续说，我去准备点菜。

啊？我这一出门溜达溜达，午饭有着落了？

看章益一脸的雀跃，流露出些许的孩子气，张筑音想不到他还有这般可爱。生活有了惊喜，也就有了欢乐。章益第一天来家里做客，没想到就能吃到前些日子袁哲好友王泽农教授送来茶叶熏烤的野味，袁哲说他是运气好。

张筑音让女儿带着弟弟在外面楼下玩耍，自己则把在中山大学跟马思聪夫人学的干锅炖鸡收益展现了一次。鸡肉油炸得金黄亮色，满屋飘香。端在桌上，章益说道：夫人的厨艺不错啊，色香味俱佳，让人垂涎欲滴 。

张筑音偷偷地笑了。心里有点遗憾，马思聪夫妇没看见她做的这

晚報　（星期一）（第三版）

業也有黑幕
「上映為何擱淺？

歐陽莎菲與衛禹平在夢中結婚。

「陽春曲」序

徐蔚南

凡是小說，總免不了是個悲歡離合的故事。就看這個悲歡離合的故事，寫得有道理呢，還是沒有道理？寫得曲折變化，悱惻動人呢，還是乾燥無味？

陽春曲是一個悲歡離合的故事，而寫得如何呢？那是要等諸位看過後下批評的了。

陽春曲是抗戰中間的一個悲歡離合的故事。

主人公是西湖孟裁培出來的一對男女青年音樂家。她們倆在這大時代中演奏了一個狂想曲：錯落的音階，時而如春天的毛毛雨，軟綿綿的，落個不停，時而像夏季的雷雨，突然而來，突然而去，雨過天晴，在天際留下一條彩虹。

戰爭將他們倆拆散了同學共同的好夢，戰爭將男主人公從杭州趕到金華，從金華趕到貴陽，從貴陽投奔重慶，這幾處抗戰中的據點都是作者最熟悉的地方，所以寫得那麼真實而且親切。

戰爭將女主人公從海外趕回中國，直接到達抗戰的首都——重慶。

戰爭時期，一切軍人第一，女主人公的戀愛，也跟着轉換入軍人的懷中。

既經離開了，何必再重合呢，但是冥冥之中，運命却又叫男女主人公黏合起來了。果真黏合了嗎？却又變化了，那是似天際的彩虹，只有片刻——而且一剎那間又消失了！

作者有意無意間寫下了人生與運命搏鬥的經過，而寫得何其熱鬧。

作者是張筑音女士，她是湖南人，所以她寫出來的文字會充滿那樣熱烈的情緒，這是鄉土的氣質；會描寫得那麼細膩，這是女性的風格。在她寫完成這個故事之後，她要我看一遍替它潤飾一下。接受這本小說還方面，也要求我負責讀一遍。我只得一章一章細細讀一回，將粗線條的地方來磨得光滑一點，將美麗的描寫句子，排列得整齊一點，其實就是一無潤飾，原原本本發表出來，那故事的悲歡離合已能抓住讀者不肯放手的了，而我的潤飾實在簡直是無聊，這是要向讀者告罪而請作者原諒的。

張女士的作品，這個美麗的陽春曲，從明晚起，就將登載，希望讀者們都能加以熱烈的愛悅！

人物小誌

李少春如夫人侯玉蘭

·余仲華·

閉門家裏坐·能知天下事

請訂本報

11660

每日專差準時送達

學校房屋糾紛
屋主來函更正

1947年上海《大晚报》刊登张筑音的小说连载《阳春曲》。

道菜。

等张筑音收拾完毕，已是午后，孩子们都午睡了。张筑音开始和往日一样，坐在写字台上开始耕耘她的《阳春曲》。这时正在和袁哲说话的章益无意抬头看见了，起身走到她身边拿起写字台上搁置的厚厚的纸张，低头看上面密密麻麻的字。

文学大师翻阅自己刚刚在创作的小说，张筑音有点紧张、害怕，感觉自己的心像要跳出来一般，像十五只吊桶打水——七上八下的。

自从她开始构思写开始，还没让人看呢，这可是第一个读者啊，还是一个赴美文学博士！想到这，她觉得自己的两条哆里哆嗦的弯腿几乎站不稳。难以平静的情绪里又有丝丝的喜悦，心跳加快，手足无措，小心翼翼的看着他。

没想到章益一本正经地看起来，还翻看了她前面写的几个章节。吓得张筑音悄悄咧着嘴张大眼睛给坐在沙发上的袁哲做了个鬼脸，逗得袁哲偷偷地笑。只见章益把张筑音前面写的看完之后，抬头对袁哲说：公为兄，袁夫人能静下来创作，毅力可嘉。现代妇女喜欢读书写字的人太少了。静心读书是一种高贵品质。

在灯火阑珊处，古朴的长街，高大的楼房，车马穿梭的巷陌，组成了大上海的繁华，历经风浪的城市，依旧在红尘中亘古柔情的飘零，让人看透了整个世界。

袁哲点了点头，说:
嗯，现在我们学校里读
书的女孩子都不多。也
是个社会教育问题。

听见他们的对话，
张筑音内心的兴奋和激
动如同决了堤的洪水，
浩浩荡荡，倾泻在脸上，
微微一笑，白嫩的脸上露
出了羞涩的红晕。看张
筑音喜悦又紧张的样子，
章益忍不住都笑了说:
"你这个小说构思不错。
虽然我还只看一个章节，
但感觉人物刻画上还蛮
有劲道，语言符合人物

1947 年张筑音在上海复旦大学教师宿舍嘉陵村
的住宅楼前，抱着两岁的袁道之，前面站着的是六
岁的袁道中。

性格。这部小说如果写下去，应该反响不错。"

袁哲说: 这小说这可是她的处女作啊，你这是在给她打兴奋剂啊。

章益的几句话，张筑音无法平息自己，异常的兴奋。日后，等孩
子睡下，她就会趴在写字台上拿起笔继续创作，袁哲忍不住打趣说:
看来章校长的一句话，比什么都有诱惑啊。其实章校长的几句话像是
装了蜜的果子，让她欢欣鼓舞，同时也给予张筑音心灵的慰藉与温暖。
做自己喜欢做的事情，做自己擅长的事情，不仅会有收获的喜悦，还
有继续努力的信心和前进动力。

每个读书人的骨子里都多少有那么一点文字创作情结，希望能有
一个可以用文字填满心灵，用梦取暖的天堂，永远在自己精神领域里。
所以，只要章益来家里，张筑音就会把自己写的一部分请他品读，提
意见，自己再修改。不知不觉，张筑音的《阳春曲》有了起色，人物
性格也逐渐明显。

那段时间，一个绿色庭院、一本泛黄书，张筑音觉得最美的一个季节，也是她第一部小说《阳春曲》辛苦耕耘时。对于一个作家而言，最好的创作过程莫过于在漫长的创作过程中，有高人一路指点，使小说情节跌宕起伏，更富有可读性。张筑音在章益和黄炎培的指引下，她的创作过程里，笔触慢慢地开始深化，在刻画故事人物时也融入了社会背景、历史、心理等所有方面的细节描写。

自从和章益认识以来，张筑音只是向他请教文学创作问题，很少注意他们学校的事宜。而就在一九四七年十一月，《大晚报》主编徐蔚南给张筑音发来邀请，希望她能为副刊投稿。面对诚恳的徐蔚南女士，张筑音拿起了自己的笔，开始耕耘。从十二月开始，先后以长篇连载形式在《大晚报》刊登了《阳春曲》、《落花时节》和《天涯芳草》三部小说。当时报刊杂志的文字风格大致相同，宁静和朴实。徐志摩唯美空灵的文字带给人无限想象和憧憬，在当时而言，浪漫诗歌宛如新事物，充满着神秘力量，为大众喜欢。张筑音的文风是柔和朴实和浪漫两种风格，清丽雅致，为文坛掀起了一阵清新浪漫之风。

让张筑音没想到的是自己的文字从此引起轰动，读者一片叫好，使得报社每天不断接到读者电话，问明天的内容是什么！特别是《阳春曲》的刊登，让张筑音一夜成名，出版社还专门出版的单行本《阳春曲》，此书一上市，就成为当年最为火爆的畅销书。

一九四八年，张筑音被徐蔚南推荐加入了上海作协会员，踏上了创作之路。而此时的上海文艺圈，还有一位白雪公主，那就是张爱玲。

一九四五到一九四九年，是张筑音的创作高峰期，也是张爱玲在上海的创作较为频繁的时期。她华丽又略带小资的文章在各大报刊媒体不断刊登，吸引了不少人的注意。张爱玲应桑弧邀请编写电影剧本《不了情》和《太太万岁》。十一月山河图书公司出版《传奇》增订本。一九四七年，张爱玲在《大家》月刊创刊号，发表小说《华丽缘》。在《大家》杂志发表小说《多少恨》。特别是一九五〇年，张爱玲在《亦报》副刊上连载了小说《十八春》(这部小说在她到美国以后改写成《半生缘》，把《十八春》原来的结局在《半生缘》中改了一下。)让夏衍很是看好，推荐她加入了上海作协。只是上海这两位才女，一个是温婉含蓄，一个是清丽脱俗，彼此都只闻其名，未见其人。

不过，文学上的成功并没有让张筑音远离现实生活。此时的袁哲，正和章益为复旦的生存绞尽脑汁。这年的袁哲瘦了很多，脸上都骨骼清晰可见，双眼也深陷了一些。

一九四八年十一月十八日的夜晚，窗外灰黄色的浊云笼罩天宇，寒风习习，满天的雪花飞舞着。地上铺的是厚厚的雪，房上落的是雪，树上盖的是雪，枝头间挂满了透明的冰棱，把树枝压弯了腰，大地白茫茫一片。北风时而咆哮而过，肆虐奔跑，空气似乎也要被冻凝固起来。

夜晚，天气阴沉，女儿刚到家，还在客厅看书，张筑音正安排两个儿子睡下。突然听见门外一阵响亮的敲门声，坐在客厅沙发上看书的袁哲寻思着会是谁这么晚了会来？

掀开盖在膝盖上的厚毯子，打开门，看见穿着灰色棉袍的章益站在门外，身上和头上都是纯洁、晶莹的冰雪，冻得通红的脸上，连眼镜都蒙上了一层雾气，好似还挂了水晶。张筑音二话没说，连忙让他进来，提起热水沏杯热茶端给他，让他暖暖。袁哲披着棉大衣问他：出啥事了，这么晚？

他站着跺了跺脚，双手捧着茶杯，喝了一口热茶，这才坐下。说出自己突然到访的原因：他想把复旦大学大部分学生安置在上海，所以来找袁哲商量。

公为兄，把学生留在上海是最好的，但是安排在哪里去呢？

这一问题让两个人瞬间不知所措，相互凝望、沉思。此时张筑音从卧室里拿出几本书搁在沙发上，对袁哲说：“你明天上班，就顺便把这几本书带去吧。”

袁哲和章益正在低头沉思，没理睬。张筑音接着说：我看你们学校现在看书的人也少，每次去借书，图书馆里只有几个人。大概你们学校像道先那样住宿的学生不多。

说者无意，听者有意。张筑音的话刚落，袁哲和章益不约而同抬

穿梭的人群里，总有一些人影留在了记忆深处，在与不在，都在脑海流淌。
匆匆，太匆匆，擦肩而过的，是漫漫岁月中一道永不褪色的风景。

起头，眼睛一亮，各自嘴角都扬起了浅浅一笑，点了点头。然后对着张筑音一个劲地傻笑。默契在彼此惦念的瞬间默默流淌。张筑音懵了，呆呆的望着他们。章益站了起来，对张筑音说：还是夫人聪明。

张筑音不懂，转头望着袁哲，袁哲缓缓的站起身，笑着拍了拍她的肩膀说：哈哈，你把我们的问题解决了。

什么问题？

学生问题啊。

章益咧了咧嘴，对袁哲说：看来，我们还是书呆子，脑瓜子不够使。

说完，摆摆头，笑着告辞下楼，消失在茫茫大雪里。

张筑音没想到，自己无意间说的话，居然帮他们解决了困惑。提醒了他们可以利用袁哲育才中学校长的身份，把躲避解放上海的战争炮火的复旦大学一千多名学生接到市区的育才中学住宿。听了袁哲的解释，张筑音没想到自己居然还帮助了他们，想到了如何把复旦大学留在上海，没有按照国民党的要求搬迁的法子。觉得自己好似也有些伟大了一点，一团团暖暖的气流从心底缓缓升起。

有时想想，世事如棋，人海茫茫，在历史的长河中，只是短短的一瞬，却也能划过那么窄窄的一道痕迹，虽然会变得无影无踪，但因袁哲工作缘故，张筑音跟着认识了很多人，也经历了很多事。在她看来，患难识人，泥泞识马。世上有很多事可以求，唯缘分难求。世上有很多人可能遇见，唯患难难求。故此这事让袁哲常和张筑音常拿出来温习、说笑。

一月二十五日，章益再次来到家里，找袁哲商议复旦大学近千名学生的生活问题。毕竟住宿解决了，还需要吃饭。就目前而言，国民党取消了资金支援，也就没有生活来源。大学生的伙食是个大问题。

再次看见他们两人坐在客厅沙发上苦思冥想，张筑音笑着说：这次我没灵光了，帮不了你们。现在市场上米价是最贵的，近千名学生一天的伙食费都是个大数目。听说，为了防止有人屯货，米买多了，还贵一点。

章益无奈的点点头，低沉地说：公为兄，按照现在米的价格，几天下来，学校就一无所有了。

袁哲低着头，把眼镜拿下揉了揉眼睛，重新戴上眼镜之后对章益说："我来想想办法吧。"章益望着他说："我们都想想，应该有办法的。"

袁哲左思右想，最后还是让在老家务农的哥哥帮忙，筹备了大量大米，又通过解放军地下游击队的帮助，把大米从浙江老家安全运来，这样才解决了大学生去向和生活问题，免费提供给学生伙食和住宿，一直延续到解放后，复旦大学恢复正常的教学工作。

对于人与人之间的缘，佛说：茫茫人海，浮华世界，前世五百次的回眸，才会有今生的相逢。在拥挤的人流中，能够相遇相知，是必然，也是偶然。比如张筑音和袁哲，比如袁哲和章益。

早在一九三〇年，章益兼劳动大学教育系主任时，袁哲是劳动大学教育系教授，两人就此相识。当时袁哲因为在教育学方面造诣深厚，是早期研究从教育学的人，并有相应教学书籍的出版，已经在教育界小有名气。特别是他针对现况分析的中国教育论，在各大教育主管掀起了热潮。章益觉得此年轻人虽然外表斯斯文文，看问题却眼光深远，是个不可多得的人才。一九三八年，章益担任教育部总务司司长，袁哲是国立师范学院筹备委员，关于学校教育发展和创建，有了更多的交流，从而有了长期的、比较密切的同事和朋友关系。

如今同在复旦大学，同怀一颗为国教育之心，都想保留复旦，故此长期在一起共同解决学校问题中，两个人才能有莫逆之交。这一系列的事件，使袁哲和章益两人成为不话不说的知己和同事。他们决定了复旦大学的去留，也解决了复旦在特殊时期的困难，保全了学校所有。张筑音在这一时期，不仅亲眼目睹了他们为复旦付出的辛劳，而且也在复旦大学家属楼完成了自己的第一部小说，为走进上海文坛增添了一缕色彩。

【25】在复旦时的选择——陈立夫的背影

一九四八年十二月的一天，陈立夫穿一身竖条纹灰色西装，梳着整齐溜光的三七开发型，鼻梁高挺，双眼深陷，整个人感觉很清瘦，但个子偏高，腰板挺直，步履稳健。一个人从外面走进育才中学袁哲的办公室。办公室里除了一身灰色长袍的袁哲，还有个子不高的复旦大学校长章益，戴着一副眼镜，穿着一件蓝色长袍，两人站在办公桌前正说着什么。

虽然陈立夫只比章益大一岁，但是长脸型的陈立夫头发却白了很多。从陈立夫的穿着可以看出，他在生活方面可能比较讲究。从他身上，看不到民国大师的影子。

陈立夫

那时，大学老师们一般穿着一般都很简单，服饰稍旧，西装革履时很少。

当时张筑音带着孩子就在办公室隔壁里等着袁哲一起下班回家。因为昨夜听袁哲说，国民党上海市党部秘书送来四张去台湾的飞机票，袁哲以学校财产保护为理由婉言谢绝了，如今还一直搁在袁哲办公室抽屉里。对于何去何从，袁哲想听听张筑音的意见。而张筑音自从嫁给袁哲，是梦，不是梦。日子虽清贫，但也含有丝丝的甜。所以，她尊重袁哲的所有选择，也支持他的所有。

张筑音说：国民党去台湾，是因为无路可出，只是活着。而在这里，我们有家人，有希望。

原以为国民党那边就此打住，没想到陈立夫会从南京到上海亲自再次征询他们的去向。至于他们在办公室说些什么，张筑音无法听到。只是没几分钟，就看着陈立夫步履匆匆的走出办公室，浓眉紧锁，目光冷峻，面色肃穆。让静坐办公室外面的张筑音都感觉有点压抑和紧张。

袁哲和章益在身后随行，陈立夫走到大门口时，突然转头望着袁哲和章益，意味深长地对袁哲说了一句："好自为之"。当时四周很安静，张筑音听得很清楚，陈立夫的声音低而沉，说完还抬头深深的望着他们两人几分钟，才扭头下台阶上车，直奔火车站了。

目送陈立夫的黑色小车逐渐远去，袁哲和章益相互无语对望，回到办公室，袁哲把机票给章益，章益看了看说：我们都已经选择了留下，决定把学校留在这里，这还有什么用呢？

后来张筑音才知道，当时陈立夫进办公室后，就直接问他们到底跟不跟他一起去台湾？两个人都没说话，只是沉默。陈立夫知道，眼前这两个人不说话，就是意味着他们崇尚孙中山的三民主义，拥护共产党的新民主主义，不会跟他走。并说，如果他们去了台湾，复旦大学也会随着他们搬迁。没想到两个人还是沉默，没有说半个字，当场拒绝了去台湾，也把陈立夫要把复旦迁至台湾的念头彻底打消了。

就这样，两个文弱书生决定了一所大学的去向，也选择了自己的命运。后来张筑音得知，当时很多大学和老师的选择都一样，选择了留下。

潇湘的静谧，配合浙江情怀，在光与影的交错中，滴落张筑音的梦里，铺满那时慌乱的年代。从湖南到广东再到上海复旦，张筑音一直生活在大学里。对于复旦，她熟悉的人不多，记忆最深的是和袁哲交往较多的复旦校长章益，还有陈立夫的一个瞬间。

对于章益，陈立夫很器重这位留美博士，在一九三七年一月八日，国民党密令复旦大学迁校华南，并催促校长章益迅速离沪，但被章益拒绝。没想到章益和袁哲两人一条心，为了保全复旦，章益组织全校师生成立"护校委员会"，经过几次激烈的斗争，才将复旦大学保存下来。如今，再次让他们面临选择时，两人依然如故，顶住国民党的威逼利诱，选择了留下，哪里也不去。两个人也就以为内拒赴台湾，被国民党开除党籍。后来和复旦大学老师说到往事，袁哲和张筑音才知道，在一九五〇年八月四日，陈立夫被蒋介石赶出了台湾，只好带着全家到美国去了。而此时的袁哲被安排到南通女子师范担任教师，章益继续投身于大学教育，在复旦大学校务委员并担任外文系教授。

等陈立夫再次回到大陆，已物是人非，而他在复旦大学办公室门前说的那一句"好自为之"，或许，也是说给他自己的吧。毕竟有些时光，是用来留给自己的。有些时光，是用来修炼的。张筑音没有看见回来的陈立夫，陈立夫也没有来复旦。

多少往事在流年里渐行渐远，多少风景在记忆中越来越淡。虽然袁哲没有跟随陈立夫去台湾，后来面临了很多坎坷，但是袁哲和张筑音觉得无悔。嫁给才子，是张筑音的一个心愿，只是张筑音没想到，做大学教授的工作也会随时变更，多数都在颠簸流离中度过。为此，张筑音也跟着在各个大学里居住。或许，她和袁哲所经历的，是一种注定。注定了她的一生，也注定了她的喜怒哀乐，注定了她的文艺创作。一个偏僻的胡同，一盏清茶，就可以让她安静下来。和袁哲一起，感受现世安稳，岁月静好的幸福。

【26】一别成追忆——胡适的一面之交

一九四九年二月，复旦大学寒假，袁哲和张筑音在街上准备买点生活用品，碰到了亚东图书馆老板汪孟邹，个子小巧精瘦的他穿着黑色棉袍，正拿着一捆厚厚的书。

袁哲和他寒暄几句之后，各自匆匆擦肩而过，刚走几步，就听见汪孟邹从身后小跑步赶来告诉他胡适中午到上海，他请客吃饭，如果他们夫妻愿意，最好一起。张筑音早就听说胡适来上海，一般都是住在亚东图书馆楼上。对于胡适，张筑音很想见识这位被众人推崇的大才子，便拉了拉袁哲的手，袁哲一笑，知道她的意思。对汪孟邹说：胡先生来上海了，应该去见见，不过，我们就不吃饭了。中午和潘公展先生已经约好了的。

汪孟邹点点头，连连说：好好好。现在风声紧，大家都比较忙。我们一起去见见，也就可以了。

张筑音和袁哲跟随他一路走到了一家"徽州园"餐馆，选了一个靠近窗台的包厢坐下。这是分为东、中、西三部分，东面厅榭精美，西面简朴素雅，中间为西洋风格，整个餐馆设计每个角落都具有浓郁的江南特色。

汪孟邹选了中间一个包厢，点了三杯咖啡，张筑音不太习惯喝咖啡，尽管桌上的杯子里放有几块方糖，但是她还是没有放糖。她一边用汤勺搅动着咖啡，静静地听袁哲和汪孟邹闲谈他们共同的话题——图书杂志的命运。

张筑音从他们谈话里才知道，原来胡适和袁哲早就认识，袁哲在一九四四年中央大学时，认识胡适的。也就是她和黄炎培第一次见面的地方，当时参加会议的还有胡适，只不过胡适开完会就被蒋介石叫去聊天，所以张筑音没能遇见。后来和胡适工作上没什么交往，所以也就没往来。张筑音听到胡适的名字最多的是在复旦大学。因为当时他和复旦大学农学院专职教授曹诚英有交情，而曹诚英从一九四三年来复旦之后，就一直住在教工宿舍，和张筑音后来住的宿舍区只相隔一个楼梯。

张筑音认识曹诚英是在一九四四年的秋天，当时她买的几个土豆放在厨房的角落里给忘了，她的二儿子袁道中放学回家无意看见，翻出来发现土豆有了很多绿色小块，就要张筑音和自己一起把它种在宿舍楼前面的树下，张筑音拿着小铲子和孩子一起在一棵美人蕉下挖土，这是曹诚英正好从学校下班回来，看见了，走过来低着头问：袁夫人，你这是做什么？

张筑音抬头一看，是一个年轻的女子抱着一本厚厚的线装书，鹅蛋脸，留海中分，长发用发带束在后面，上穿墨绿色立领上衣，下穿黑色缎子裙。感觉好似在哪里见过，笑着说：我孩子想把土豆种在这里。

额，把整个土豆种在这里？

张筑音的儿子袁道中抬起头问：是的。曹阿姨。

袁道中看了看天上的太阳，又问：太阳是红色的，为什么土豆不是红色的？

曹诚英笑了，摸了摸他的头说：其实土豆有紫色、红色、黑色、黄色的呢。

"那不就成了七彩土豆了吗？"

"小家伙，真聪明。是的，土豆有很多颜色啊。"

"那土豆都是这样一个一个种下去的吗？"

张筑音这才想起来，和她曾经有过一面之交，那是在复旦大学教工联欢会上，袁哲带着她和儿子一起去，只是自己当时没在意。倒是儿子记住了。

曹诚英蹲下身子，从袁道中手里拿起土豆仔细看了看，然后对袁道中说：是，不过可以分很多块种的，将来就有很多很多的土豆了。

啊？那怎么分啊？

你看看，这个土豆上有很多绿色小芽，按着发芽的地方切成小块就可以了。

张筑音听了，笑了。连忙上楼去拿小刀。

等她下楼，曹诚英已经走远了。曹诚英和儿子的对话，让张筑音知道了，土豆原来有很多颜色。

　　后来她把这事告诉了袁哲，袁哲说：你们这是遇见真正的农业专家了，曹诚英是农学院的教授。张筑音听了有点惊讶，想不到农学院的教授还有这么年轻漂亮的，在她心目中农学院的教授都是一些大伯大妈，穿着清一色的灰色大褂。从此，张筑音也就记住了这位年轻漂亮的复旦农业专家，也知晓了她和一九三九年获得诺贝尔文学奖提名的大文学家胡适交情非一般。

　　就在袁哲和汪孟邹正在说笑时，张筑音看见对面街道上好似是报刊上见过的胡适。他穿过拥挤的人流，带着礼帽穿着厚厚的棉袍匆匆的从外面走来，肩下夹着一个公文包，张筑音以前只是在报刊上看见他的照片，今天是第一次看见本人。他比照片上要瘦，面色有些苍白，个子比袁哲高一点。不过和照片上谈笑风生的胡适有点不同，此时的他没有一贯的笑容，嘴唇很薄。圆形眼镜后面，一双满是温柔的眼睛。这样富有才气的温情男子，眉宇间除了儒雅之气，还有满腔的柔情弥散，或许，走到哪里，都会让女子欢喜、心动。这也许就是胡适一生不尽女人缘的最根本缘由所在。

　　看见胡适，张筑音脑海里想到的第一个词就是"温润如玉"。胡适看见他们三人，原本严肃的脸上立马有了笑容，他和袁哲、汪孟邹问好。然后向张筑音点头笑了笑，脱下礼帽，露出梳理得很整齐的短发。汪孟邹叫来服务员，又点了两杯咖啡。张筑音一旁默默地看着，一边心里暗自思索，奇怪，为什么点了两杯？

　　就在胡适刚坐下，还没端起咖啡时，张筑音透过玻璃看见曹诚英一身学生装扮向这边走来。此时的曹诚英和上次不同，这次柳眉紧锁，朱唇紧闭。眼角似乎还有少见的丝丝缕缕的柔弱和妩媚。可能每个人都有一段悲伤，想隐藏却欲盖弥彰，所以她看见了。

　　看见曹诚英走进来，汪孟邹连忙站起来，对胡适说："今日难得一聚，我请了曹小姐作陪。"说完请曹诚英坐在胡适的旁边。张筑音发现，曹诚英和袁哲打了招呼之后，浅淡的笑容似乎有点牵强，而她身边的胡适脸色似乎也有点沉闷。一个眉眼低垂，欲言又止。一个脸色灰暗，似是沉重。空气有点停滞，这情景似乎不像众人说的是久别朋友相逢。

正在不知道说什么时，服务员端上了两盘金黄色扁圆形的薄饼，汪孟邹指着盘子说："胡先生，这里的徽州饼是上海有名的点心，每次你来，都没能尝到，今天我特意预先在这里定了几个，大家一起尝尝。"

胡适笑着拿了一个咬了一口，慢慢地咀嚼，然后说：嗯，口感细腻，酥香甜润，里面有红枣的味道。

胡适的动作很轻，弧度也很小，从容平淡的外表，看不出一丝的不安和迷茫。

汪孟邹说："它是安徽的枣泥酥馃，是安徽徽州地区的传统点心。不过，到了上海就成了徽州饼。在上海只有这家有的卖，所以生意比较好。"

胡适笑了，说："这就是生财之道，越少越好。"说完招呼大家都尝尝。张筑音拿起饼仔细看了看，和湖南的煎饼有点相似。都是用细腻的面粉和白糖煎制而成。不过，这饼里放有红枣。张筑音后来自己回家模仿做徽州饼时才知道，其实这饼里面还有猪油，所以吃起来感觉落口即融，比较润滑。

张筑音吃了一口，想分辨出饼里还有什么，就看见曹诚英也拿了一块，但是并没有放在嘴里，只是看了看，然后抬起头对胡适说："你这次真的决定离开？"

胡适看也没看她，只是低着头看着自己手中的咖啡杯子，嘴角浅浅地一笑。什么也没说。为了缓和气氛，汪孟邹用手扶了扶眼镜，说：公为兄，现在去台湾的人还是不多。

袁哲说：是的，潘公展先生这次也不打算去。

听他们这么一说，一直低着眉的曹诚英抬起头，眼睛盯着胡适说：你也是聪明人，经历的事多，看得多，还是别去了，留在这里。

胡适只是呵呵的笑，没说话。薄薄的嘴唇荡着一丝笑的涟漪。或浓或淡，或聚或散，都让人感觉有微微的震撼。

曹诚英双手捧着咖啡杯转动着，自言自语的说：去未必就是好。

别把未知的事情太理想化了。

汪孟邹抿了抿嘴，点点头，轻轻的回了一声：嗯。

半响，胡适没说一句话。曹诚英带着回忆的口味说："当初你推荐我去东南大学，毕业后又建议我留校任教。我当时也犹豫，但是还是留下了。"

后来张筑音才知道，一九三一年胡适多次到南京，都与曹诚英在上海亚东图书馆相聚，住上几天。或许是曹诚英这句话，让胡适想起了一九三一年美好的时光吧。所以胡适笑了笑，然后抬起头随口对他们说：不去，就在这里吧。

听了他这样说，曹诚英立马眼睛有了神采，嘴角露出了灿烂的笑。拿起徽州饼吃了起来。大家也都笑了起来，气氛融合了很多。

张筑音长长出了一口气，无意抬头看见墙壁上的时钟已经到了十一点，连忙拉了拉袁哲的衣服，用眼睛指使袁哲看看墙壁上的时钟，袁哲连忙起身，对胡适说：胡先生，对不起，我今日就不陪你们吃饭了，我还有点事要忙。

汪孟邹也笑着对胡适说：噢，我都忘了，公为兄今天有事，可以先走。

张筑音与袁哲和曹诚英点了点头，走了出去，和同样没有去台湾的潘公展一起用餐。那一天，张筑音脑海里总是浮现出曹诚英娇柔焦虑的模样。这是她从没见过的另一面。常常不自觉地陷入回忆中，而回忆起来让人怜惜。

第二天，张筑音听袁哲说，胡适那天还是跟随蒋介石离开了上海，去了台湾。后来再在宿舍区遇见曹诚英，她只是和张筑音匆匆点了点头，然后匆匆的擦肩而过。好似淡淡的云彩，来去都很轻很轻，没有留下一丝可以捕捉的痕迹。张筑音觉得，这样的背影，才是徐志摩笔下飘逸的云彩，虽然她那天的模样会让张筑音想起"泪眼问花花不语，乱红飞过秋千去"的诗句，但终究是"伤心桥下春波绿，曾是惊鸿照影来"。或许，寂然凝望，这样的女子，才是名副其实的"人淡如菊"。

回忆是一点一点积累起来的，关于胡适，深浅不一的印记，付之一笑的回忆，碎了一地的片段，让张筑音只记得这些。不过，后来听住在楼上的上海复旦大学中文系教授汪静之说，胡适去了台湾之后又流亡到美国了。听到这些，张筑音只有深深的惋惜，可惜没能及时向他请教文学方面的知识，错失和大师交流的机会。不过，她也知道，当时的情景也不容许她还有心情敢冒昧的打扰，估计当时情况也让胡适没兴趣给她说点什么。

时光匆匆流走，有一些记忆，是擦不去的痕迹；有一些人，瞬间就是永远。虽然她和文质彬彬、学识渊博的胡适只是一面之缘，但是后来听说他和曹诚英的交往，不由得叹息。胡适的远走，也就意味着从此两人鸿雁断绝，留给曹诚英的，怕只有无尽的思念。张筑音不知道，这段刻骨铭心的相思，曹诚英珍藏了一辈子。可惜，回得了过去，回不了当初。人生要么精彩，要么平淡。所有的等待，是她一生最初的美丽。

【27】陌上相逢　不问烟雨——和张爱玲一起开会

一九四九年十月后，因为袁哲身份，故此夫妻两人一度感觉压抑，看不到希望。袁哲的工作也一直没有明确安排。家里有了袁哲，张筑音也有了更多的时间写着自己的小说，创作更多的作品。这段时间，她开始认真细读自己的文字，反复修改，琢磨。

一九五〇年四月，张筑音接到上海作协的通知，要她在七月份参加上海文联第一次大表大会。这让张筑音感觉到一份惊喜。自从开始码文字一来，她还没有以作家的身份参加过会议，更何况这是上海文联的一件大事。这个消息让家里的人都有了期盼，特别是袁哲，天天算着日子。六月，袁哲鼓吹张筑音去服装店做了一件新衣服——深蓝色白花滚边旗袍。袁哲再三交代裁缝师傅，做工一定要精细。中旬拿到旗袍试穿张筑音看了看镜子中的自己，端庄典雅，风韵犹存，感觉非常好。转头看看袁哲，他看了一字不说，只是满意地点了点头。

七月二十四日，好不容易盼到这一天，袁哲比张筑音醒的早，等张筑音起来，袁哲已经做好了早餐，正在静静地等着她。吃过早饭，袁哲笑着送她出门。这是张筑音作为上海作协会员，第一次参加在上海解放剧场开幕的上海文联第一次代表大会，参加这次文学艺术界会议的都是文坛大家。算是家里的大事。张筑音有点兴奋，脸颊微红，手心有点冒汗。走到会议大门，张筑音看见会议名单上她的名字和张爱玲的名字写在一起。她在名单上欠签下了自己的名字，然后走了进去。会场人真多，很多人都是张筑音不认识的。看见陌生的面孔，张筑音有点紧张。她看了看手中的会议程序单。清楚的写着会议第一天，大会以划分小组为单位，在组内开展讨论等活动为主，下面附有小组名单。张筑音发现，张爱玲以笔名"梁军"和自己一起，都被分在文学界代表第四小组。这个小组里都是极有名声的作家与文学工作者，组长是赵景深，副组长是赵家璧，陆万美，组员名单依次有：周而复、潘汉年、孙福熙、姚蓬子、谷斯范、刘北汜、平襟亚、梁军、邓散木、陈灵犀、陈涤夷、张慧剑、柯兰、姚苏凤、严独鹤等。还好，她在这些名字里看见了曾经熟悉的一个人——姚蓬子。

　　张筑音穿过拥挤的人群，在后排选了一个比较安静的角落坐下。她刚坐下，抬头，看见一个高个清瘦的女子在她前面停下。她在旗袍外面罩了件网眼的白绒线衫，看见张筑音，浅浅一笑，然后俯首看自己随身带的书籍。

　　张筑音发现，这个看似冷艳的女子手中拿的是香港《群众》杂志一九四八年六月刊，她看到了那一页的题目是《蜗楼随笔》专栏。这是张筑音第一次看见本杂志，也是第一次知道上海市委常委、上海市委宣传部部长、上海市文化局局长夏衍专栏。

　　那天电影院内有冷气，张筑音觉得有微微的寒气袭来，不禁用手拉了拉衣服。这一细微的动作，让旁边的女子侧面轻声来了一句：冷吧。

　　张筑音不好意思地浅笑，点点头。

　　用书取暖吧。

　　说完，她递过来一本《良风》画刊。

张筑音很是感激，连说谢谢。

这样的开场白，让两个不喜社交，不爱交际的文艺女子一见如故，在为期六天的大会小组里的活动不约而同坐在后排，偶尔轻声闲聊，大感快慰。通过交谈，张筑音才知道，这位就是笔名为"梁军"的张爱玲。

但凡喜欢传统文化的人都知道，有文化底韵的人，眉宇间书香弥漫，清新的感觉，让人感觉高贵。而喜欢读书的女子，在红尘中更是妖娆。看尽人间荣辱，素心自问，有书香的女儿就是一朵奇花，静静地散发着莲一般的静谧，来去之间，绽放出清雅的芳香，让人回味无穷。短暂的六天，张筑音和张爱玲是一见如故，两人在会下窃窃私语。除了谈论文学，就是谈论自己。话语中，张筑音感知，张爱玲和自己一样，对于一个新的社会，很是欣喜，但不知道新中国会给自己会带来什么样的命运，内心的忐忑不安也写在脸上，掩饰不住。

当说到各自的婚姻时，张爱玲低着头弱弱地说了一句：你真幸福。但对胡兰成，张爱玲只字未提。张筑音在这之前，也听人说起张爱玲的婚姻。故此，也尽量避而不谈。

无论张爱玲爱的人是谁，本身没有对错，只有缘深缘浅之说。所以，提起，也不过是再让张爱玲刺痛一把，心如刀割，然后流露出人事全非的深深叹恨，纷乱至极。这是张爱玲不愿的，也是不想的。因为张筑音知道，一个文笔如此多情细腻的女子，定是痴情的玫瑰，千娇百媚，一旦被人折伤，其哀其痛，难以自持，也会依然保持原有的高度，亭亭伫立在那里。

对于自己的梦，张筑音说：文字是一个人的影子，懂不懂，哀愁和缠绵都在，守心自暖。

张爱玲看了看她，幽幽地抚弄着她又瘦又长的手指，半响，轻轻地说了一句：每一篇，都经不起光阴的折射。

张爱玲幽深的眼神，浓罩着淡淡的忧伤。张筑音没想到，一个擅长绘画、英文和钢琴的才艺女子，也有说不出的痛隐忍在心头，别看个子高挑瘦弱，骨子里却是坚毅，让人忍不住怜惜。

后来张筑音想到当时那神情，在一个孤标傲世的女子身上，令人肝肠寸断,忍不住回头凝望。似乎更懂张爱玲那瞬间刚毅又无奈的眼神。张爱玲表面的叛逆,只是为了保护好自己的心,保护好破碎不堪的自己。或许,她的爱情虽然在人间枯萎,但在她心底依然怒放,百般娇柔,连刺都扎进了她的骨髓。

接下来的日子,上海文艺家为了积极配合社会形势,纷纷自愿报名参加土改和下乡参观团。刚成立的市文联还特别设立了"土改工作委员会"。其中许杰去青浦、邓散木、罗洪、何公超、孙福熙去绍兴,任钧等去苏州。

所幸,在文联组织的青浦土改中,她和张爱玲又一起分到了许杰一组,还有上海《收获》杂志编辑罗洪和《上海文学》杂志编辑欧阳翠。三人不仅是上海文联的成员,而且罗洪和欧阳翠也很喜欢张筑音的文字,很关心张筑音。一直希望张筑音能给他们写稿子,那时候张筑音每次从南通来上海探望自己的二哥张光裕和姐姐张和音时,都会去拜访住在千爱里的欧阳翠。

可等张筑音到了青浦,张筑音没有看见张爱玲的身影,她不知道张爱玲出了什么事情,有点担忧。不过,这一年的十一月,张筑音看见张爱玲的《十八春》由《亦报》出版社出版发行了,只是张爱玲没有参加任何活动。后来,张筑音住在上海虹口区花园路,坐一路有轨电车从四川北路底山阴路到解放剧场所在的海宁路乍浦路很方便的,解放剧场附近的国际电影院是她经常去看电影的地方,但她再没有看见张爱玲。她没想到,解放剧场是她和张爱玲相识的地方,也是她和张爱玲最后相聚的地方。

那段时间,两个"张"姓美女,两个轰动上海的作家,有缘相聚,也因为各自的选择而命运各异。上海大大小小的报刊上看到最多的名字,不是张爱玲,就是张筑音。每期都有她们小说连载。

一九五一年,袁哲接到通知,去南通女子师范任教,他一脸的兴奋,依旧可以站在讲台上,做自己喜欢的事情。值得庆贺,为此,他特意和张筑音一起去镇上做了一套藏青色中山装。张筑音也跟随着到了南通居住。五月,张筑音得知张爱玲仍以梁军为笔名在《亦报》上连载

1952年，袁哲的大女儿袁善如在中国人民解放军总政治部敌工部工作。冬，在朝鲜战场留影。

1953年，袁哲和张筑音在上海，右袁道中，中间前排袁道之。

1960年张筑音和小儿子袁道之在南通

中篇小说《小艾》，她也开始忙着为报刊撰稿。各自忙碌着，牵挂只是搁在彼此心里，默默关注。

对于张爱玲，张筑音还有微微的牵挂。那个和自己有短暂交流的女子，清得有如一瓣雪花，不染一点尘烟，让人心疼。

一九五二年七月，为了响应抗美援朝，上海作协的人也积极参与。很多人捐款捐衣，诸如巴金、冯雪峰，靳以、孙福熙等一次捐款都在旧币十五万元，女作家方令儒捐款十万零五百元，梅志也捐了衣服十八件，张筑音也捐了不少财物。

在作协活动名单上，张筑音无意发现，没有张爱玲的名字。还以为别人忘记了或者是记漏了。询问才知道张爱玲因接到香港大学的入学通知书，坐火车从上海到广州，再从广州到深圳经罗湖到香港去了。后来，张筑音几次来到张爱玲与她姑姑居住的爱丁顿公寓六楼六十五室时，但不曾遇见。张爱玲，那个贵气十足的女子，就这样结束了在大陆的生活，没有再回来。那一年的那几天，是她们最初的相遇，也是最后的相伴。

有人说张爱玲太清高，不沾半点红尘，又置身在万道深壑中不能自拔。有人说她太孤寂，多少缱绻的情怀，只在字里行间伤怀。千言万语，不过是些斑驳的记忆。在张筑音心里，宛然在目的，是张爱玲的淡眉素目，还有她极富含蓄沉郁的风韵。

张爱玲离开了这个让她爱恨难辨的地方，却没能忘了这一切。或许，张爱玲说的没错，青春都经不起岁月的冲刷，一个人的心，也经不起红尘的浸透。不过，还好。张爱玲还是那个孤立的小女子，只为爱活着，也只是为自己的心站着。

对张爱玲的喜欢，是因为张爱玲的才气还是因为她骨子里的孤僻，张筑音说不清，只是张爱玲在她心目中留下了深深的影像。至今张筑音家中，都还保留有一张剪报贴在张筑音的一本杂志上。豆腐干大小，署名赵易林，徐重庆《有关张爱玲的一些史料》说：张爱玲在一九五二年七月去香港，在解放后的上海，实足生活了三年，这期间，她的文学活动只有一事被人谈起，那就是因夏衍的关注，她参加了一九五〇年七月二十四日在上海解放剧场开幕的上海第一次文学艺术界代表大会。

1966 年张筑音在南通市第二中学担任图书馆管理老师。

第七卷

隔空的遇见

　　亭台楼阁，寻常巷陌，微风轻拂，柳丝飞扬，百转千回。
　　拱形的门，方格窗，烟雨迷离中，关不住满园的春，飘出软软的语音，融入了绵绵的南方情怀。

人间四月芳菲天，花开花落风卷帘。

这隔绝红尘的眷恋，是舍不得忘了的影，也是愿意住进梦里的人。

来去匆匆，留下一杯至深甜、至深苦的茶。

微微上演着一缕对美好情愫的缠绵写满眉梢的情景。

一夜风雨花飞去，梦里相思梦里聚。

想起，淡淡的笑合着微微的暖，让人回味无穷，意蕴万千。

一个回眸，藏着说不明的一分窃喜和三分暖，在某个安静的角落静坐或漫步长谈。

望断几世凡尘，挥洒丹青不悔。

江南的烟雨一直都和含蓄婉约的情怀相连，月移花影约重来，任凭梦里知多少，依旧保持一份与尘世无关的……

【28】已失春风一半——袁哲最后的日子

平淡安宁的日子没过多久，因为政治问题，一九五六年，袁哲被调到扬州师范专科学校任教育学心理学教师，一九五八年被扬州师范学院宣布开除，送江苏滨海劳动教养。而此时的张筑音是南通中学的一名语文老师。一九六〇年，袁哲解除教养，回到在南通工作的张筑音身边，没有工作，又逢三年自然灾害，生活相当困难。

袁哲每天在家就是看看书报，给花花草草浇浇水，打扫卫生，家里做饭的事情由张筑音负责。由于袁哲没有经济收入，家里只能依靠张筑音的薪水维持生计。袁哲每天的生活里也就无形的多了一件事——盘算生活开支，结合当前的生活消费，一家人吃饭穿衣需要精打细算才能勉强凑合。特别是一九六〇年的夏天，市场上的菜少得可怜，而且很昂贵，为了节约开支，袁哲开始在花盆里搭上架子，种上蔬菜，结果家里阳台上那大大小小的破旧盆子，也成了家里的菜园。晚上，一家大小坐在架子下，数星星，日子过得也还算安逸。

从一九六一年开始，因为袁哲个人问题，家里开始逐渐没有了曾经的温馨和安宁。不仅他生活没有着落，张筑音和孩子也受到牵连。

1955 年张筑音和袁哲夫妻同在南通女子师范担任教师时合影。

为此，张筑音也曾经怨恨过，孩子也曾经生气过，都不知道他当年大学学教育干嘛。教育系在工作安排上不太顺利不说，而且还因为他政治身份制约，所有的事情在此期间一落千丈，家里一年不如一年。

一九六二年六月，袁哲的身体开始有了变化。身体越来越瘦弱，一夜咳嗽无数次，让回家过暑假的张筑音隐隐的担忧。为了让袁哲止咳，张筑音采集了几片枇杷叶洗干净，撕掉上面的绒毛，泡水烧开之后，她自己尝了一下，异常的苦涩，她加了几块方糖，让袁哲睡觉前喝下。连续喝了三天，夜晚袁哲的咳嗽少了些。可是，再咳嗽似乎更吃力了。她开始给熟人和朋友写信，询问有什么好的方子。结果学医的朋友通过张筑音写的病症告诉她，袁哲患的是目前难以治愈的肺结核，需要静养。那时浙江诸暨老家的农村生活比南通要好一些，于是袁哲坚持要回到诸暨双桥村的老家务农，张筑音劝不住，只得送他一个人去乡下老家。

六月十八日，张筑音和袁哲回到老家，张筑音二话没说，打开家里的所有窗户，拿起竹帚把家里先打扫干净，然后在楼下靠窗的一间房子为袁哲铺好床被，安排好他的住宿。陪他在老家的后院种上蔬菜。这样的日子很快就过去了，八月底，张筑音必须要回去上班。为了让袁哲一个人在这里生活方便些，她在上班之前，把家里洗了个遍，并把后院的菜园收拾整齐。再三交代袁哲，想吃什么，就写信告诉她，她给他买。同时，张筑音每个月寄十几二十元，让袁哲生活。袁哲在家没事，自己也养几只母鸡，每天都会给他下一两个鸡蛋，日子就马马虎虎地过去了。眼看就快到年底了，可因为历史问题，袁哲在"文革"期间不到上海来，一九六三年春节，张筑音带着儿子回到浙江诸暨老家。

一路上天气阴沉，北风呼啸，寒风刺骨。光秃的枝干被大风吹得上下摇摆，树下是一个人在打扫被风吹得到处都是的落叶。看昔日的儒雅书生如今是一身灰色长袍，手中拿着一把竹帚，正在屋门前的院子低着头扫着枯萎的落叶，凛冽的寒风吹动着他的白发，肆意掀动着他单薄的袍子，张筑音心宛如刀割一般。这是她深爱的人，也是她一生的牵挂。当年风度翩翩的书生，如今这般落寞潦倒，步履蹒跚，让她百感交集，悲伤难已。虽然袁哲没有露出垂头丧气的意思，但越是这般，张筑音心里越是心疼。袁哲的每一个眼神和难得的微笑，落在张筑音眼里，划在她的心上，一刀又一刀。

看见一脸风尘的张筑音和儿子，袁哲枯瘦的脸上终于有了一丝浅浅的笑意。街道张筑音的书信，估计她们就这几天到，所以袁哲每天起来第一件事就是把家门前的院子打扫干净，还在别人家遗弃的地里刨了几个红薯，等着他们到家了，烤给他们吃，让他们也尝尝红薯散发出的诱人的清香。此时满天是厚厚的、低低的乌云压下来，张筑音让袁哲进屋暖暖身子。她要为他做香喷喷的饭菜，要让他好好歇歇。

儿子也很懂事，拿起竹埽代替父亲把剩余的地方打扫干净。张筑音把行李放在房间之后，拿出给袁哲在街上购买的棉袍，让袁哲试试。袁哲低着头笑眯眯的走进来，一件崭新的深蓝色棉袍穿在他身上时，他感觉到了温暖。傻傻地对着张筑音笑了。张筑音帮他拉了拉衣襟，然后后退几步，打量了几下，对他点点头，说："很适合，而且蛮漂亮的。"听到妻子的夸奖，袁哲忍不住咧着嘴说："不大不小，刚刚好。很暖和。"

张筑音转身把他刚脱下的薄棉袍拿在手里抖了抖，看了看，对他说："今年冬天温度低，这身薄棉袍怎么行啊，再说，它也穿了很多年了，也该换换了。"说完准备拿出去晒晒。袁哲低头看了看身上的新棉袍，看了看她手里的旧薄棉袍，轻轻地说："那件等天气暖和了，还可以穿穿。"

"你啊，还以为自己没老啊，这么薄的衣服，怎么能过冬？"张筑音瞟了他一眼，带着说不出的疼走了出去。留下袁哲一个人在房间对着镜子傻傻地看着，傻傻地笑着。

乡村的冬天，东北风呜呜地吼叫，放眼望去，白茫茫的一片，闪着寒冷的银光。路上几乎看不到人，只有风自由的咆哮发狂，肆虐地在旷野地奔跑，屹立在寒风之中的人，更是疼痛难熬。夜晚，除了白色，还是白色，覆盖在这广漠的荒原上，有点荒凉。袁哲在灶膛里点燃了一堆白天到处捡的枯树枝，一来可以取暖，二来给她们烤红薯。红红的火苗，映红了一家人的脸，大家在红薯的香味里说着过去，说着未来。

时间，过得很快。转眼，张筑音要去上班了。袁哲把她送到村里的大路尽头，挥挥手，饱含说不出的依恋和温柔，张筑音含着泪转身离去。袁哲说，她是他一生的牵挂，是他放不下的人。只要能看着她，就比什么都幸福。这样来来去去的日子，直到一九七一年夏，张筑音在南浦中学退休后，才彻底来到浙江诸暨袁哲的身边，结束分离的日子。张筑音的户口也从南通迁到了诸暨，从一个城市户口变成农村户口，但有退休金的，因为她的退休金，夫妻两人可以吃肉，可以买肺结核病的特效药雷米封，可以偶尔买一件新衣服，不至于完全斯文扫地。

夫妻分开整整十年，十年间的凄苦，没人能比他们更能体会。十年的光阴，让夫妻两人的一丝丝情怀，藏在字里行间，温润了当时的沧桑和忧伤。两地分居不说，更为不幸的是这十年让袁哲的身体越来越差，肺部病情加重。一路烽烟，一个字，几句话，在俗世阅尽繁华。为了避免自己的肺病传染，袁哲拉着张筑音的手说："别靠近我，这病会传染。我只要能远远看着你就好。"可是，她还是不放心，一个人睡在楼上，一夜也要起来好几次，偷偷地看看他。哪怕他睡着了，她看看才踏实。

那年夏天，袁哲迈着轻盈的步子，踏着数不尽的绿草，整个人都有了新的起色。戴着一副圆镜片的眼镜，一袭粗布长衫，有时也会在南通市里面定做的一套藏青色的哔叽中山装，和张筑音在山顶看日出，牵着她徘徊在夕阳里看晚霞。夫妻两人仿佛又回到了当年，感到生活是多么美好。

每天早上，张筑音醒来第一件事就是下楼，看看袁哲，第一句就是："你醒了？"这一句，是每天的开始，而且也成了张筑音的一个习惯。等着床上的袁哲睁开眼睛，看看自己，然后回答一声："嗯"，她才感觉踏实，走出去自己洗脸梳头。早上她会和他一起做早餐，晚上一起散步。

袁哲做饭不如张筑音好吃，但每到结婚纪念日，他还是主动要求

第
七
卷

隔
空
的
遇
见

177

做饭，而且每年的这一天，一碗鲜红的大红椒是必须的。后来，袁哲跟着老家人也学会了如何让大红椒有新意。比如一九七〇年的结婚纪念日，袁哲就早早地把大红椒里放进一些煮熟的糯米，然后用油煎，做出来的大红椒又甜又带有糯性。使得张筑音笑说是他在学人家的手艺。每年的结婚纪念日，袁哲都会想方设法的弄出新意。

今年的结婚纪念日，天气特别的好。

天空又高又蓝，仿佛被水洗过，澄清又缥缈。蔚蓝的天空下，大雁成群结队地飞往南方。树叶儿在枝头跳跃着，空中旋转着，在原野轻舞飞扬着，在屋檐翩然落下。袁哲起得很早，张筑音下楼时，发现床已经铺得整整齐齐，四处巡视，到处叫喊，依旧没有他的身影。她赶紧走出门，沿着屋门前的公路一路前行一路询问，才看见公路那边的山坡上，他正在弯着腰在找着什么。她走上前，学他的样子也在树丛中翻来翻去。这是袁哲听到身边有脚步声，扭头一看，笑了。忙抬起头问："你在找什么？"

"你找什么，我就找什么。"张筑音头也不抬，双手在草丛里拔来拔去，好似她知道袁哲在找什么似的。

"别找了，我找到了。"袁哲笑着对她说，然后望着她，双手从背后伸出来，手中捧着几多不知名的野花。张筑音不解，看看花，看看他。

袁哲腼腆地说："今天是我们结婚纪念日，我没啥送你，就送你鲜花吧。"

原来如此，张筑音心头一热，低头看看还挂着晶莹透明的露珠的鲜花，看看袁哲的手，这是一双白皙的手，一位拿粉笔的大学教师，此刻已经被荆棘划得伤痕累累。她忙拉着他的手翻来翻去仔细看，然后温柔地问道："疼吗？"

"不疼。"袁哲笑盈盈的望着她，她抿嘴微笑，然后从他手中把鲜花捧在手心，放在鼻尖闻了闻，深深的吸了一口气，说："真香。怎么秋天还有野花啊？"

"呵呵，我早已发现了，就怕它枯萎。"

"我们回家吧。"说完，张筑音拉着袁哲的手从山坡上走下来。

初生的秋阳，映红了袁哲脸上那浅浅的微笑，一尘不染，触动着张筑音震颤的心。一滴泪，在她眼角慢慢地飘浮着，滚烫的感觉，让她感觉醉在最真实的梦里，刻骨铭心。那一天，张筑音要袁哲啥也不做，就坐在家里，她能看着他，甜甜的微笑，就已满足。纵然日子再艰难，也不会愁眉不展，因为她只要他开心就好。她为他做好吃的，和他一起说说话，一起动动手去菜园，一起倚窗看天，直到夕阳西下，晚霞满天，照映在清澈的湖面上，画面分外绚丽。

每天，张筑音会牵着袁哲的手，在绿苔滋长的木窗边，安静地独坐窗帘的一角，清茶一杯，仰起笑脸，闲看花开，静待花落，慢慢回味着当年。在挺拔苍翠的竹林里，闻着空中飘荡着新鲜的竹绿气息，仰望着蔚蓝的天空，倾泻缕缕旋律的音符，想着美好的未来。一幅幅美丽的画，演绎最平淡的浪漫情调，弹唱出一首首令人迷醉的歌。她和袁哲还会在舒适的天气，和他到外面田地走走看看，活动活动筋骨，种上正逢季节的绿色植物，让自家的原野蘸着浓浓春色，给宁静的乡村一点魅力，播种自己心底的希望。或者是开出轻柔娇嫩的花儿，风儿一吹，散发出淡淡的花香，传递着令人陶醉的爱意。

筑音啊，你现在又在写什么呢？

你猜不到。

我就是不知道，所以问你嘛。

我在写我们的回忆录。

呵呵，那记得写真实点哟。

袁哲望着她，浅笑着说：你写吧，我看着就好。

她在一个人默默地写，袁哲在自己身后，静静地等着，守着。这样安静的日子，放飞身心，干净如饴。一晃就是三年，卷起昔日的美丽悠然成为过去，成了袁家老屋一道风景。可惜，这一世最绚丽的相逢，这一世的随意而恬适，终究也会散去。人世间悲欢聚散，谁也无法逃避。和袁哲好不容易才聚在一起，两人相依相伴，走过三年轻松悠闲的时光。

苦涩岁月，流年的焰火留不住光阴辗转不回今时的命运，生命的斑斓光景，终将精心镌刻于心。一九七三年春，袁哲的病情加重，食欲下降，张筑音不敢离开半步。为了让袁哲多吃点，张筑音准备在袁哲爱吃的青团里加上了一点她自己种的生姜，必须要先把生姜洗干净，去皮，晒干，再研磨成粉。青团在清明节那天吃最为新鲜，这一系列工序必须要在清明节之前完成。所以张筑音每天早上起来第一件事就下楼看了袁哲之后，就到院子里端出切好的生姜皮放在家里最高处，这样晒出的生姜既蕴含有天地之灵气，又能干净没有杂质。清明节那天，她五点多就起来，轻手轻脚地走下楼，看了看袁哲，然后就到厨房，烧火开始做青团。那一天早上，袁哲吃了一个半青团，这让张筑音很开心。可是没过多久，袁哲又不怎么吃东西，每天就是喝点稀粥和青菜。张筑音每天就陪着袁哲，给他说一些过往。说到动人处，袁哲也会淡淡地笑。

一九七四年农历正月初一，袁哲感觉呼吸困难，伸出枯瘦的双手在空中挥舞着，张筑音连忙拉着他的手，俯下身子，想听见他说的什么。可是，袁哲此时已经没有力气说话，嘴唇只是动了动，手指在她掌心动了动，没来得及和张筑音说点什么，离开了人世。

张筑音紧紧地盯着他的眼，轻声在他耳边交叫唤着他的名字，可是袁哲再也没有睁开双眼，向她示意笑了。张筑音不相信，答应要和她一起老去的人就这样消失了。时间仿佛停留在了那一瞬，留下挥不散的悲哀。一个在教育界享有成果的浙江才子就这样在张筑音的生活里悄无声息地远去，在浙江省诸暨市走完了他人生最后的一段路程。

【29】残荷听雨——张筑音的京城生活

夜，很冷，风不停地咆哮，吹摆着枯树枝，整个村子白茫茫一片。张筑音让人通知自己的四个孩子，告知他们袁哲病逝的消息。到了第二天，接到孩子们从北京和上海寄来的汇款，张筑音才逐渐处理完袁哲的后事。

　　袁哲离开时，孩子们都在外地，不能及时赶回，身边只有张筑音。三年日日夜夜的陪伴，突然少了一个人，张筑音感觉孤单。一个人在浙江诸暨老家，整个房子都空荡荡的，只剩下光与影的交错和袁哲最

1947年上海《大晚报》刊登张筑音的小说连载《落花时节》。

后的笑容。

　　她怎么也不敢相信，那个面容清秀俊朗的人就这样走了。带着眼镜，穿着深蓝色西装。他儒雅的风度，硬朗的个性，坚韧的毅力，一直都是张筑音所倾慕的。如今，看不见袁哲温柔的眼眸，也牵不到他修长的手指，张筑音觉得从未有的孤单。孩子都长大了，各自有了家。她踏实了，但也空了。时光流逝了，往事却越来越清晰，渐渐转化为清晰的思路和简单的文字。

　　孩子们都已经各自成家，袁哲住的那间房子，她依旧保持原样，似是他还在这里。每天早上，她依旧会下楼看看，虽然那房间已经没有人回应，静得出奇。回忆让世界一切万物变得安静，袁哲的那双手老是在她梦里，他消瘦修长的身影，伴随着一些难以忘怀的点滴，在她眼里慢慢弥散出娇艳欲滴的忧愁。

　　陪伴她的人走了，和她走得很近的朋友欧阳翠也搬家到上海漕溪路，张筑音觉得一种茫然，找不到一个依靠。为此，张筑音也到上海和二儿子住，偶尔回诸暨住十天半月。在上海，张筑音时常带着二儿子去欧阳翠家里谈谈心。欧阳翠怕她一个人孤单，鼓励张筑音继续写，如果合适，她会推荐在有关杂志上发表。

　　写文字，那是她多年一直坚持的梦。可如今，没了爱做支柱，她不知道自己提笔还能写什么。月光透过她简单的窗子，顺着细长的脉络，在她房间慢慢淡去，赋予她一身皎洁。一分流水，二分尘埃，三分心境，说不说，写不写，细碎的过往依旧在心波中荡漾，沉默是她最好的语言。

　　和袁哲在一起的那些年，她没有这样的体会。即便是他们夫妻分离十年，他依旧是她心中的牵挂。如今他走了，她都不知道应该去牵挂谁。情到深处人孤独，活着，才可以想着、念着。因为自己经历过，才懂得情深意重难寻觅。当年爱读书的女子，嫁给了一个教书的才子，这似乎是最好的姻缘搭配。或许，这也就是世人常说的"郎才女貌，天造地设"吧。因为爱而爱，因为爱而存在。爱着，优雅着，在最深的角落。这样的心境一直到二十世纪八十年代，她离开了诸暨，离开了上海。挥挥手，在时间的荒野，不想带走一丝别人的风采，留下自

1983年张筑音在上海和孙儿们留影（左为袁道之的大儿子袁黎，右后为袁道中的大儿子袁晓波，右前为袁道中的小儿子袁晓翔）。

己内心的平和与坦然。

一九八三年、一九八四年，她的小儿子袁道之聘为副教授，根据政策，张筑音的户口迁到了北京，就一直和袁道之一起住在北京玉泉路中科院研究生院宿舍楼。新的环境让她有了不一样的心境。她此时于千万人之中，落入繁华的大都市，成为拥挤人群中的一个。儿子生活节奏比较快，在闲逸的日子里，她需要很快适应。

每天早上，她要和北京的老太太们一样，早早起来，做好早饭，然后挎着个篮子去市场买菜，想着每天为家人做点啥新鲜的。不过，偶尔，她还会一个人静静地坐在窗前发呆，看窗外夕阳西下，晚霞满天，看树叶在暮风中轻轻摇曳，这样的黄昏，是她和袁哲一直喜欢的。如若他在，定是手牵着手，漫步在光影里。她会想起他们相濡以沫的日子，想起十指紧扣的细节，想起他温柔的双眼……平静的内心深处泛起涟漪。

一九八八年，小儿子去美国深造，她就单独住在北京一间筒子楼的集体宿舍里。她年纪大了，怕晚上有什么意外，晚上都是不关门的，出去也不关门。因为房子里没有什么值钱的东西。夜是安静的，门是

1985年张筑音的儿子在上海鞍山一村家里（前左为袁道中夫人，中为袁道先，右为袁道中）。

虚掩的，人靠着床头望着窗外的月儿是呆呆的。听风儿的低吟，在耳畔独自萦绕，似是故人的声音。看淡淡月色，在房间床前里洒满一地，恰似她枕边雪白的信笺。

此时此刻，她睡不着，脑海里浮现的，都是一个个飘忽的字，促使她不得不起来趴在灯下，把它们一个个记录下。她的心飞得好远好远，隔着时空的隧道，静静地打捞一个个模糊的踪迹。当字落下的瞬间，她恍惚回到了上海，回到了她和袁哲住在复旦大学宿舍区的地方。也是一张破旧的桌子，一盏昏黄的灯。夜深人静的时候，她在灯下写着，袁哲坐在不远处静静地守着。写完，把写满密密麻麻字的信纸放在抽屉里，伸伸腰，关掉灯，她一个人在重温当年，重演当年。袁哲似乎依旧还在身边，依旧在她身后默默的注视。

一天天，一夜夜，让一个个灵动的字在她手指尖堆积，成为一篇篇优美的文章。或是一个美丽的故事，或是一个动人的剧本，一个个鲜活的人物，都在她的手指尖慢慢流出。她写的是字，也不是字。她字里行间刻画的，是他人，又不是他人。故事里有自己的影子，也有自己的经历。文字里既有婉约的情怀，又是她真实的描绘。

1985年张筑音与儿子在上海鞍山一村家里。

1985年张筑音与儿子在上海鞍山一村家里。

  一个人的日子，有了文字作伴，吃穿住行都很随意，很简单，也很寂寞。所幸女儿在北京，所以生活也并不是太寂寞。很多童年的闺蜜都是参加革命的老干部，大部分居住在北京，因为岁月的流逝，各自也逐渐来往了，经常来往，说着过去。特别是当年村子里的三妹子，如今已经是北京某单位的领导，有一辆专用车辆。看她一个人无趣，一到周末带她远离喧闹的城市，走向绿色的田野，去山外兜风。

这一对儿时小姐妹在大自然如画的美景里，看飘逸的白云，翠绿的小草，聆听大自然的声音，闻闻花草的芬芳。蘸一笔风的颜色，尘封的情感四处飞扬，敞开心胸，说起了儿时，说起了各自的生活。当年那个性格活泼的三妹子，如今已是沉稳的大姐。当年那个眉宇间浓缩着淡淡忧愁的张筑音，如今已是慈祥的北京老太太。或许，人就是在时间里逐渐成长，磨去了年少轻狂，成为了不同的自己。回味过去，一笑而过。守住宁静，淡然活着。或许，是现在最好的心态，也是最好的生活。

冷暖交织的光阴，一晃就是好几年。

二十世纪九十年代末，她二儿子袁道中从上海去北京陪母亲过春节，她忍不住告诉他，她的许多手稿被偷窃了。儿子和她都觉得好奇，不以为然。寻思着，偷什么不好，手稿又不是什么传世之作，拿去有什么用呢？

后来，这事成了张筑音不可抹去的记忆。可惜没听朋友的话，应该给出版社的。因为那是她这么多年来写给自己的文字，慰藉流年的主要东西。文字虽不是什么值钱的东西，但是字字句句都是她用心凝成，都是她全部的希望和寄托，随光阴而细水长流。

袁哲在的时候，就一直很鼓励她坚持创作，还常常为了帮助她开拓创作思维，到处借阅好书给她。从蓝田到广东、从重庆到上海，这一路走来，他都在为她的梦而铺路。如不是他，她怎么可能向那些大师们请教？她又怎么能有机会跟随大师们进行交流学习？想到这，张筑音非常的痛心，因为这是她的心血，也是袁哲所想看见的东西，一夜之间，多年的付出无影无踪。那不仅是文字，还有她对袁哲的思念，转身天各一方，散落天涯。

泛黄的画面，停留的刹那，令她痛心的还有在"文革"中，她的创作手稿两部电影文学作品《柳毅传书》和《桃花扇》，当年被作为四旧被一把大火烧掉了。这是她不愿意相信的，也是不愿意接受的结局。

一本《柳毅传书》通过故事人物之间的情感，是她和袁哲的浪漫与现实交织在一起的生活，其中龙女不畏艰难困苦，对柳毅的真情相告就是她想对袁哲说的心里话。而另外一本《桃花扇》，她用柔美清秀的文笔，把隔空离世的红颜精致的描绘，唯美空灵的爱情童话。这两部电影文学作品并不是她心血来潮，是袁哲离开之后她的全部倾注。是她在北京这么多年的浓缩。它们的毁灭，把张筑音在北京的所有都湮没了，彻底打碎了张筑音的创作梦。从此，张筑音明媚与阳光的文字就此消失，再也看不见她的精言妙语。

张筑音和袁哲在一起的日子，既有甜蜜，也有伤痛。爱的是甜的，生活是苦的。因为袁哲的工作调动太大，就在几所大学和城市里周转。日子可想而知，家里也没有像样的东西。张筑音也没像其他的太太一样穿戴华丽，她的生活里只有粗衣淡食，不过，她不觉得清苦和忧伤，相反，她过得很自在和愉悦。

她需要的，不是虚浮的东西，只是真实的日子，踏踏实实的感觉。爱，宛如绚丽的烟花，让人沉迷不醒，至死不渝。所以，即便是从偏僻的蓝田到山影朦胧的重庆，居住在一间随时都会倒塌的一间破旧小屋。风雨咆哮的夜晚，她带着孩子一起紧紧抱在一起。是袁哲爱的力量让她有如此大的勇气，面对一些艰难。经历也是一个人的沉淀，让人逐渐成熟。

没了袁哲，没了文字，她只是她。

多年写的文章不见了，文字也不再是她的倾泻方式，她只能把一些话深深地埋藏在心里，等着某一天，她和袁哲相遇了，她会亲自贴着他的耳朵，一字一句地说给他听。看着他嘴角扬起一道弧线，眼睛里流露出甜甜的味道。那时，他一定会羞红了脸膛，一定会傻傻地笑着看着她。

十年光阴，让她和北京的筒子楼成了一体，守着宁静的日子，坚持自己的梦。可惜，一九九八年筒子楼拆除，二儿子把她接到上海，她离开了这个让她仿佛回到过去的地方，一个让她写了不少文字的城市。不管是否被人知晓，她都悄然来过这个多彩世界，她都在这美丽的地方爱过。

【30】痴守岁月，流年无悔——回首往昔

一九九八年，张筑音再次回到上海，此时的上海，灯红酒绿，已然没有当年的安静和雅致。她偶尔出来转转，沿着记忆中的街道，重新看看记忆里的风景，看看当年居住过的小洋楼。如今，已经是换了主人，也改了味道。不过，大致还是旧时模样。看着熟悉的街道，熟悉的建筑，她想起了那些随风而逝的人和事。

如若说留存一段记忆只需要片刻，让人用足够长的时间去想念。但是在张筑音心里，北京和上海都是繁华喧嚣的城市，意义却大不相同。回忆起自己的过去，张筑音无悔。能嫁给自己深爱并深爱自己的男人，燃尽风华，不惊不扰地过一生，是最好的注定。因为美好的情感是一种思绪和情感上的共振，所以才有彼此都希望相见，都希望能远离喧哗，在某个安静的角落静坐或漫步长谈。

张筑音和袁哲之间，有甜蜜也有争吵，有安宁也有纷争。毕竟人生无常，世事难料，缘去缘来，潮起潮落，离不开现实，离不开生活。人每天必须要做的是吃喝拉撒，才能维持最起码的生存，有了生命，才可以让其他的追求轻轻漾开。

流年似水，匆匆，太匆匆。转瞬间，重重人影落云端。和袁哲相爱、相知、相伴三十五年，其中一九三九至一九四九年十一年间，风风雨雨，他们从湖南到广东、从广东到重庆，从重庆到上海，前前后后搬了四次家，流连于四个城市，是她们一家最为漂泊的时间，也是最为幸福的时候。当初因为爱情，所以走到现在。卸去繁华，是云清风淡的日子。在生活面前，当年的一切可以说是无价之宝。

从一九三九年那一场相遇开始，袁哲改变了张筑音的一生，张筑音也给予了袁哲一个幸福稳定的温馨港湾。袁哲能和张筑音在浙江老

家安安静静的生活三年，也是张筑音的悉心照顾所致。夫妻两人不离不弃，共同面对风雨。恩恩怨怨，都在平淡的相守里成为云烟。但能和袁哲不离不弃，守着简单的安稳与幸福一同走过的日子，她觉得所有的付出都值得让人回味，所有的云雨都成美好的风景。

一个喜欢和文字说话的女子，从蓝田、广东、重庆、上海缓缓走来，一路清雅如兰。风起的日子，看庭前花开花落，宠辱不惊。雨水瓢泼时，心随云卷云舒，去留无恨也无喜。这是她一生的状态，也是她动人的心境。带着一个梦，沿着心的轨迹，从画中缓缓而来，满载唐诗宋词里的婉约。她忧柔的情思，糅入幽韵的诗情画意里，从没走出来过。

往事随时光而变淡，记忆却在浅淡中变得娇艳。张筑音无法去想象，如果袁哲没有遇见她，他的生活会不会也是这样。她更不知道，在自己最美的年华里如果没有遇见袁哲，自己的生活会不会有所不同。他们的相遇，似乎是彼此躲不过的一种注定。她能想起的，都是甜美的、浪漫的事情。当年多少点滴，如今都是甜蜜的回忆。或许，只有失去了，才知道珍贵。或许，只有过去了，才知道美好。

蓦然回首，古老的雨巷，在当年，曾看见她纤纤玉指撑一把油纸伞，翩翩走来。一袭浅蓝色衣衫，抬头，浅笑，凝眸一望，一剪盈盈秋波，写满了温柔。 袁哲还是袁哲，她还是那个她。今生的情缘，随袁哲的远去而化成满城繁花，染红了张筑音的孤单，也洒满了她梦中江南。多少的话语，她都难以忘怀。

时光荏苒，在张筑音的记忆里，很多人心素如简，随时光而远去，很多事因流年而褪色，回归宁静与朴素，还有一些事和一些经历让她难以忘怀。能嫁给袁哲，成就了自己。或许，这是上天对她的恩惠。既赐予了她美丽的外表，又让她富于才情，并在婚后的日子因为袁哲的工作职务原因而认识了众多大师，通过和大师们的交往，得到指点和帮助，提升她的文学素养，为她实现她的文学梦打下了深厚的基础。袁哲也因为她的出现，拥有了一个生活上无微不至地照顾他的人，拥有了一个幸福美满的家庭，一个和他共患难的妻子。千百年来，最好的婚姻，就是彼此成就彼此，成为最好的自己。张筑音和袁哲，是这

1947年上海《大晚报》刊登张筑音的小说连载《落花时节》。

样的人。最好的，上天没有让他们彼此错过。唯一让张筑音感到遗憾的，就是袁哲提前的离开，把她一个人留在这里，自言自语。

一九九九年，张筑音开始越来越喜欢回忆。人一生太短暂，世相迷离，有太多的遗憾和不如意，所以，幸福是一件很奢侈的事。张筑音觉得，自己这辈子是幸运的，也是快乐的。物以类聚，人以群分。环境造就人，人成就环境。回想自己的年轻时代，张筑音脑海里闪现的，就是这两句话。在张筑音的记忆，安化蓝田的山山水水似乎永远花艳如云，群莺乱啼。哪怕帘幕低垂时，倚栏杆远眺，她能想到的，是和恋人在绿阴深处密语的点滴，处处依旧可见，共度几多黄昏暮雨的情景。

二〇〇〇年正月初五，张筑音一大早就起来，做了一碗面条，按着湖南的习俗，在面条上撒上一点葱花，然后放在桌上，自己坐在一旁，静静地看着。心里默默地念叨：公为，吃吧。你的长寿面。

每年的这一天，张筑音都会起得很早，做一碗面，搁在桌子上。今年，她觉得有太多的话想和袁哲说说了。沉闷得太久，需要和他唠唠嗑，家里大小事宜，也应该让他知道。于是，她一个人就坐在空椅子旁边，盯着面条，一个人自言自语地说着家常事。

在"文革"时期，她觉得自己很坚强，可以扛起一切，可以扛起这个家，等到袁哲真的离开了，才知道原来自己也是很脆弱。如今，当心中那份牵挂和依靠和灿烂缤纷的遐思同时渐渐远去，缓缓而来的，只能是暗香浮动的寂寞黄昏。多少次，她回头，似乎依旧还能看见，那一双炯炯有神的眼睛在她背后默默凝视，陪着她走过一条条寂静的街道。

二〇〇一年五月十二日，从新化走来的小姑娘，带着微笑，闭上了眼睛。他们的儿女让这对夫妻合葬，在他们散布的那个乡村，在他们日日厮守的那个山坡。张筑音跟随袁哲，到处颠沛流离。能让她沉淀的，只是曾经的往事与回忆。此时此刻，让她随着清风，踩着七彩云朵，追随她心爱的人，走进了多彩的世界。再也不会相隔千万之遥，终于聚在一起，携手天那边的红尘。

张筑音，这个和书为伴的女人，一个喜欢在书里行走的温婉湘女。

耐得住寂寞，也守得住繁华。宛如青花瓷上的淡淡一笔，又恰似是开在人间的莲花。一缕浅浅的笑，似有暗香浮动，让人回味无穷。她置身繁华，目睹一场场花事稍纵即逝，踏着细碎的年华，守着一份空灵，心若止水。倾城的，不仅是那时风景，还有那时的人事。

荏苒的时光悄悄溜走，蓦然回首，张筑音和袁哲这一对患难夫妻，生活辗转，从一九三九年走到至今，经历的，或许只有他们自己知晓。人最大的幸福，就是在对的时间遇上对的人，所以，她是幸福的。此生，遇见袁哲，她知足了。遇见他，便遇见了她所有。和他在一起，她的所有的梦都在眉心渐渐绽放，成为她离奇的一生，也是浪漫的一生。浅望幸福，不写忧伤，只道相思。

纵观历史风云，或许，类似她这样的女子在民国期间的文艺界多如牛毛，不足为奇。即便是留有墨香，让灵魂在诗意里静守岁月一隅，却极少留下名气，但她们的纯真和透明终将无法抹去，在人海中洗尽铅华，烟火之余，绽放出自己的美丽。或如昙花一现，或如深谷幽兰，在安安静静的岁月的一角，默默地妖娆着，悄悄地芬芳着。落下深深浅浅的脚印，清雅了一段红尘。虽不浓郁，却也清新自然，触摸心灵。她们温暖的故事和美好的形象，在各自的人生旅途里，留下一抹让人感觉温馨的往事，弹唱一首古老的弦音，还原那时的风景那时的人，演绎自己浪漫的传奇。

附录一　张筑音文选

（"在血与泪凝成的日子里"中的一节）

□□ 午檀来营 □□　　　　　　筑音

　这件事，虽然是我五十多年前的一件旧事，但它一直仔留在我姐妃的记忆之中。

　一九二七年"马日事变"以后，不久的夏季里的（长沙）在一天午后，我妈妈噙着泪水，给我大哥一个小衣包，按住他的肩膀说：处处当心，孩子。"

　我哥接了衣包，低垂着头走了，没走几步，回过头来望着母亲：妈，别惦记。"

　妈妈两滴清泪，沿着她那佈满皱纹的焦悴的脸，流下来了，笑了笑头，用衣襟揩干泪水，哽咽着，进卧房去了。我哥站在门槛边呆了一会儿，也走了。

　当天的晚饭，是妈妈弄的，爸爸无言的啃了两口，不见了母亲，他也进了卧房。我听到他在安慰我妈：惦记他是这样，不惦记他也是这样，城里风声紧得很，到处乱哄哄，到处在抓，叫他到乡下去过几天，总比在家里呆着好。

　我家住在城的近郊，是贫村，这一天家里有

张筑音手稿

附录二　张筑音年谱

1916 年出生

1921—1926 私塾学校读书

1926—1932 新化小学读书

1932—1935 新化中学读书

1935—1938 周南女中读书

1938—1941 婚后和袁哲住在国立师范学院

1941—1942 随袁哲在中山大学

1943—1945 随袁哲在中央大学

1945—1949 随袁哲在复旦大学

1951—1956 随袁哲在南通女子师范

1956—1971 在南通市第一中学和第二中学任教

1971—1974 和袁哲在浙江诸暨双桥

1974—1983 跟随儿子住上海

1983—1988 跟随儿子住北京玉泉路中科院研究生院

1988—1998 独自一人在北京筒子楼

1998—2001 年跟随儿子在上海直到逝世

　　高山流水遇知音，莺飞草长的季节，痴情人在山底。

　　在人杰地灵的地方，无数墨客踏着微湿的青石板，默默寻找着当年的潇湘女子，那年在河畔静静开放的一朵莲。